有礼自然

刘俊 著

长江出版传媒 | 湖北教育出版社

（鄂）新登字 02 号

图书在版编目（CIP）数据

自然有礼/刘俊著.

—武汉：湖北教育出版社，2015.9

（中国自信）

ISBN 978－7－5351－9972－0

Ⅰ.自…

Ⅱ.刘…

Ⅲ.①个人－修养－通俗读物 ②心理交往－通俗读物

Ⅳ.①B825－49②C912.1－49

中国版本图书馆 CIP 数据核字（2015）第 188763 号

自然有礼 ZI RAN YOU LI

出版人 方 平

责任编辑 黄烨祁 责任校对 刘慧芳

装帧设计 徐慧芳 责任督印 张遇春

出版发行 长江出版传媒 430070 武汉市雄楚大街 268 号

湖北教育出版社 430015 武汉市青年路 277 号

经 销 新华书店

网 址 http://www.hbedup.com

印 刷 武汉中远印务有限公司

地 址 武汉市硚口区长丰大道特 6 号

开 本 787mm×1092mm 1/16

印 张 6.5

字 数 135 千字

版 次 2015 年 9 月第 1 版

印 次 2015 年 9 月第 1 次印刷

书 号 ISBN 978－7－5351－9972－0

定 价 29.80 元

目录

有礼
自然

序

很长一段时间里，每当有人知道我是从事礼仪研究与教学的，表情都会变得很微妙。因为他们觉得人应该随心所欲，而礼仪给了人太多后天的规矩，人就会变得不快乐。

还有人觉得，礼仪只有在一些特定场合才会有要求，我们日常生活中根本用不到。

记得有一天晚上坐出租车回家，当时已经很晚了，司机师傅看起来也很疲惫，一路上都没说话。到了目的地，我下车的时候对他说了一句话，师傅的眼睛瞬间就亮起来了，非常激动地说："好！好！谢谢、谢谢您！再见哪！"

我没有给他预报明天的股市如何，也没有讲什么励志小故事，让他态度突然变化的是一句很简单的话："您开车小心。"

我后来想，他每天都会接送很多乘客，这些乘客中至少也有一部分下车时会跟他打个招呼，可能是一句"谢谢"，也可能是一句"再见"。但是，估计很少有人会对他说"开车小心"，因为这句话我们通常用来叮嘱亲人和朋友。

其实，每个人都会因来自他人的、如同亲人般的关心而感到温暖和快乐。

礼仪的核心是关爱：真正地关心别人，发自内心地为别人着想。一切的形式上的规矩，都是出于这个目的：为了不影响别人、不打扰别人，为了不给别人造成不好的观感，而约束自己的行为。但礼仪更重要的是规范待人接物的过程，促使人从内而外真正地去在意别人，这种在意不是表面上的规范就可以概括的，而是要真正用心，这就是我一直在课堂上强调的"有你才有礼"。

时间久了，大家都知道了礼仪的重要，又有很多人问我：究竟怎样才能成为一个真正知礼懂礼的人？为什么很多经过培训甚至长期研究礼仪的人，最后都变成了一个样子，反而让人不愿亲近？

当我们的站走坐蹲的仪态只剩下按规定动作的时候，礼仪便走向了教条。

当我们的言谈文字只能投人所好的时候，礼仪便丢弃了真诚。

当我们的服饰搭配千篇一律的时候，礼仪便伤害了个性。

“人生而自由，却无往不在枷锁中”。礼仪束缚着我们的行动，如果不知道礼仪真正的目的，不知道礼仪最终走向哪里，我们可能会不断地增加规范，最终让自己变成提线的木偶——然而越是如此，我们就越不像自己，越让人感觉不到真诚——这与我们最初的目的南辕北辙。

身边有越来越多的人因为这枷锁而变得不像自己，可是在我看来，我们讲究礼仪规范的同时，也必须保持人最自然、最本真的样子。因为，只有真实的自己，才能打动自己、打动他人；不必要的规范是累赘，我们必须卸下累赘，同时修炼我们的内心，当内外一致时，我们达到了平衡的状态，才能让别人真正感受到我们。

在自然界里，一草一木应四季更替从容安然。自然给予它们什么样子，它们便是什么样子。春天里刚露头的树芽、雨后凝着水珠的树叶、天高气爽的高山、夏荷时节的睡莲……大自然里的每一种存在都散发着能量和美丽。哪怕一棵不知名的小草，也保持着柔韧和自信，生机勃勃地吸引我们的目光。

原来，自然早已给了美丽最大的智慧。自然界的美，独立、自信，以不打扰别人的方式热爱自己的本来面目。礼仪，若从美丽出发，必须走向自然！当礼仪走向自然，我们的美丽会更有根基和力量。

我希望有一天，我的学生们、读者们，我身边的男男女女们，能够自豪地展现自己的优势，也坦然地面对自己的缺点，并不断改进。能够从身边的人那里收获爱和关怀，也能让人如沐春风、如浴暖阳。我希望有一天，人们能够用基本的礼仪来规范自己的言行，从而不伤人；也能够保持自己的个性，从而做自己。我希望有一天，礼仪和爱与美能够合为一体，人们能够从中获得力量，能够解决生活中的问题，能够真正让礼仪成为自己生活中的一部分。

这就是我写这本书的初衷。

刘　俊

第 1 章

自然之礼

最短的距离是从手到嘴，最长的距离是从说到做；最浅的思考的是头到脑，最深的思考是从手到心。知其然而不知其所以然，我们便辜负了上天赐予的灵性。只仰望星空而不脚踏实地，我们便丢失了存在的根本。

一、在行动中思考

1. 礼仪与我们的生活

有一天看电视，正看到一档以婚姻感情为主题的综艺节目。来参加节目的是一对青年男女。男方一表人才，女方漂亮有气质。大家都很奇怪，他们会有什么矛盾，需要到电视台来解决呢?

站定之后，男方开始诉苦：自己家是做珠宝展销的，姑娘正好是珠宝模特，在一次展销会上遇见了，觉得这姑娘真漂亮，气质又好，非常喜欢。好不容易追到了手，相处之后却发现，姑娘性格大大咧咧，实在让人难以忍受。

比如说，两人到男孩家里去吃饭，家里长辈都在。小姑娘吃饭食物塞在牙缝里了，就直接当着所有人的面，伸出手指头到嘴里去抠。大家装作没看见，这事儿也就过去了。结果她吃完饭，整个人躺在沙发上看电视，两腿分得非常开。男孩看不过去，就暗示她坐好，结果姑娘直接把右小腿搭在左大腿上，跷起了二郎腿。

小伙子说："她这样完全不顾别人的感受，我实在是忍受不了了，现在我父母也接受不了她。"

姑娘不光在长辈面前如此，在朋友面前也是如此。一次朋友聚会吃饭，大家吃到一半，姑娘大概是要找什么东西，在包里一阵乱翻，突然翻出一双袜子，放在大家面前，还说："果然便宜没好货，刚买的袜子就破了一个洞，以后不能再在这一家买了。"小伙子特别生气："你说饭桌子上，翻出一双袜子，这多恶心呢，还让人家怎么吃饭！"

说到这里，现场观众、嘉宾都忍俊不禁。等到小伙子把各种类似这样的事讲完，大家已经笑成一团，花了好长时间才平复下来。

姑娘觉得特别委屈，她完全不能理解为什么大家都笑成那样。在她看来，她不过是做了平常人都会做的事。吃饭卡了牙，是人之常情，怎么舒服怎么掏，在她看来是大家能够理解的。袜子破了一个洞，是人之常情，放在包里结果不小心翻出来了，干脆就大大方方地说一句，消除尴尬，在她看来也是能够理解的。

这些情形确实是人之常情，可是，大家偏偏就不能理解。现场观众的笑虽然没有恶意，但仍然让姑娘很难过。因为这种笑在姑娘看来，多少有点取笑的意味，这跟男方说受不了姑娘的潜台词是一样的——她太不拘小节。

其实，生活中，一个率真、可爱的姑娘是很讨人喜欢的。她始终都表现出自己很真实的一面，非常有自己的个性。不仅仅是这样的姑娘，无论老少，任何一个敢于做自己、保持自己本色的人都很讨人喜欢。因为这样的人，让我们觉得很鲜活，没有伪装，很轻松，没有负担。我们都欣赏保持着自己个性的人，愿意跟这样的人打交道。

可是，如果真的不拘小节到这位姑娘这样的地步，我们又觉得有些受不了。因为，正如现场一位嘉宾指出的：中国，毕竟还是礼仪之邦。

我们自古就有很多礼仪需要遵循，从言谈举止到饮食起居，从衣食住行到祭祀庆典——这些礼仪规范节制着我们，约束着我们，让我们不能随心所欲。千百年来，这些礼仪不断深入我们的生活，渐渐变成中华民族的传统，成为我们公认的社会行为规范。所以，我们遇到老人会主动让座，公众场合不高声喧哗，见到熟人要礼貌问候……这些都是我们自然而然会遵循的，如果生活中遇到旁人没有这样做，我们即便不为之侧目，也总不会认为他们是对的。

这就是礼仪，与我们的生活息息相关。我们需要遵循礼仪，因为这是中华民族的文化传统，也是中国人生活中默认的行为规范。

再进一步说，这些礼仪也确实是必要的。老年人对自己身体的掌控能力真的不如年轻时候，乘坐交通工具时如果站着，确实容易摔倒，也确实更辛苦一些。公众场合高声喧哗，旁边的人被迫成了你的听众，不仅会泄露你的私事，也会打断别人的谈话和思考。见到熟人礼貌问候，不仅是打招呼的一种方式，也是在表达你的关心，会开启对方一天的好心情，也会让这种关心和愉快传递下去……

“仓廪实而知礼节”，在中华民族的传统中，礼仪是基于吃饱穿暖的更高层次的需求。在中华五千年历史的长河中，礼仪不仅没有被大浪淘沙，反而蓬勃发展，代代相传。这是因为，我们的生活确实需要礼仪。

然而相应的，如果过分强调礼仪规范，它又会成为我们的枷锁。想象一下，如果那个节目中的姑娘，听从了学习礼仪的建议之后，完完全全地改变了自己。说每一句话之前，她都会好好思考，这句话是否应时应景？做每一个动作之前，她都去考虑这个动作要做得优雅需要遵循哪些要领？这样的情景是非常可怕的，我们会看到一个畏畏缩缩、羞羞怯怯的姑娘，她时刻都很惶恐，很委屈，因为她害怕自己一不小心行差踏错，“会被旁人耻笑了去”。久而久之，她可能就会感觉到痛苦，继而变得麻木。

我们生活中确实有很多人，他们一举手一投足，都让人觉得是精心设计过的，他们的尺寸拿捏得很好——坐下的时候既不会太靠后，也不会太靠前；站立的时候，永远采取一个姿势；笑起来唇角的弧度永远都是一样的，恰到好处……我们一看就知道，他们受过良好的礼仪教育，经历过严格的礼仪训练。然而很多人都不愿意跟这样的人相处，因为你永远都不知道，他是高兴，还是不高兴，你甚至觉得他们长得都是一样的！

礼仪如果真的走到了这个地步，也就真的成了我们的枷锁。我们欣赏个性，我们也需要礼仪，如果要让两者结合好，就必须搞清楚两件事：第一，礼仪的本质是什么？第二，我们应该在多大的程度上改变自己？

2. 礼仪和我们

每学期伊始，我的第一项任务便是探寻学生的所思所想。我今年做了三份问卷调查：《你遭遇过的礼仪问题》《你为什么不自信》和《你期待在礼仪课堂上改变什么》。

结果完全不出乎我的意料。

在《你遭遇过的礼仪问题》调查中，有89.8％的问题跟如何与人交往有关；

在《你为什么不自信》调查中，有35.48%和外貌有关，38.7%和能力有关；在《你期待在礼仪课堂上改变什么》调查中，有20.69%的学生希望改变自己的穿衣打扮，让自己看起来更美，有58.6%的学生希望通过学习礼仪，让自己在社交中更受欢迎。

分析三份问卷，发现大家的焦虑来自两个方面：一是对自己不认可，二是怕得不到别人的认可。

但是再仔细想，我们发现这两者其实是一回事。

我们对自己的外貌不认可，对自己的身材不认可，其实是因为我们渴望看到他人欣赏的眼光；而由于我们对自己不认可，所以我们因怕看到他人的挑剔而焦虑。

我们对自己的个性不认可，对自己的能力不认可，其实是因为我们渴望看到他人赞赏、羡慕的眼光；而由于我们对自己不认可，我们更觉得自己不如别人，更觉得别人看我们的眼光都是轻视的。

所以，大部分人学习礼仪的最终目的，其实是获得别人的认可。

因此，很多人都觉得，礼仪是用来解决社交焦虑的。

确实，礼仪可以帮助我们解决很多社交方面的问题。学好礼仪，我们可以在初遇一个人时更快地“破冰”，可以更好地跟人沟通，更容易获得别人的好感。然而这些都不是礼仪的“真面目”。

礼仪的核心是尊重——尊重自己，关爱自己，从而真正做到尊重他人、关爱他人。自己是因，他人是果。如果不能真正的尊重自己，爱自己，则对他人的尊重与爱也只能停留在口头上。

当我们开始尊重自己、关爱自己，我们就会开始倾听自己作为一个人的需要：我们需要被尊重，我们需要被爱，我们需要生活在一个舒适的环境里，可以独处，也可以舒适地和他人相处；可以奉献爱，也可以自然地接受他人的照顾。于是，我们会自然而然地约束自己的行为：自己不想听到的话，就不要对别人说；自己不想被干扰，也就不要干扰别人；自己不想被横加指责，就不要随意指责别人。这就是儒家所说的“己所不欲，勿施于人”。

然而，我们也不想被人随意地揣测，也不希望被突如其来的人吓到，所以我们与人说话之前应该先打招呼，即使是帮助别人也要先获得别人的同意，当我们的决定涉及别人的需求，要先得到对方的认可。这就是时代告诉我们的“己所欲，也勿施于人”。

时代在变化，传统的礼仪不变，然而其所包含的具体内容则一直在随时代的变化而变化。只有当我们真正理解礼仪的核心，真正做到尊重自己，尊重他人，才会培养出礼仪的“情商”。关爱他人，也爱好他人，真正将我们的关心传达出去。

这是礼仪的本质，也是礼仪与我们之间的关系。

当我们真正尊重自己的时候，我们会开始正视自己的样子，正视自己身上的优点和不足，礼仪规范就有了对象，我们也就找到了自己的位置，能够保护自己的天性。只有这个时候，我们才能真正地将礼仪学好、用好，成为我们生活中地一部分。

到了这个时候，礼仪与自然天性合而为一，我们就做到了“随心所欲而不踰矩”。

二、自然之礼带来的美

礼仪帮我们走向社会，而自然让我们保持本真。在自我与社会之间寻求平衡，使自然之礼的根本目的。所以自然有礼带来的美具备两大内核：有尊严的优雅和有包容的自信。

1. 有尊严的优雅

美国作家文森特·希思曾经高度赞扬了现代伟大的女性宋庆龄的魅力，他写道：“她雍容华贵，却又那么朴实无华，堪称稳重端庄。”在欧洲的王子和公主中，尤其是在年龄较长者的身上，偶尔也能看到同样的品质，但是，对这些人说来，这显然是终生培养训练的结果。而孙夫人的雍容华贵有所不同，这主要的一种内在的品质。她发自内心，而不是装出来的。礼仪的训练让我们外在呈现出优雅，而尊严得靠我们动用自然的力量来保有本真，尊重自己的身体，同时塑造自己的精神，并让身心健康合一。

生活在一个更多元的社会的好处是：我们终于可以放心地做自己。

社会的多元化是一个进程。任何一个社会都曾经有对于整齐划一的执迷，流行本身也表现出一种同一化的倾向。从早些年的喇叭裤、霹雳舞，到今天的

"小鲜肉"，我们总是寻求与社会潮流一致，以获得安全感。这种安全感的本质是社会认同。

好在社会终于发展到一个多元化的时代，即使不致力于让自己与社会的背景色融为一体，我们也能获得认可。

这便是整个世界的"和而不同"。

求同存异永远是我们与社会、与世界和谐相处的法宝。"同"是尊重社会审美的共性，"异"是保持自己的独立个性。"和"属于社会的价值观，是硬性的，是长久的，如真诚、善良；"不同"是具备个人特色的，是软性的，如适合自己气质、性格的服装颜色，如属于自己的兴趣才艺。

当我们开始真正尊重自己，当社会开始尊重个体，我们也能够更加大胆地保持自己的个性、自己的样貌和穿衣打扮，保持自己喜欢的说话方式。当我们真正学会将自己的个性与社会的共性相融合，我们也能够获得更多的社会认可，从而获得更多自信，更好地保持自己的本来面目。

而优雅是文明，是修养，是对自己和他人的尊重。我们觉得优雅的人，他们的行为其实无一不是时刻考虑别人的。

有尊严的优雅是一种人格独立的优雅，因为人格独立的魅力会比仅有外在的美更令我们获得做人的尊严，获得社会的尊重和公正对待，获得作为一个"人"的主体地位。让我们为自己的独立与自主感到自豪，让我们为自己的个性和能力感到自豪，让我们为自己的胸怀和追求感到自豪，让我们为自己的头脑和智慧感到自豪。

所以，自然之礼追求的美不仅仅是外在的优雅，更是有尊严的优雅，这种优雅更具穿透力和震撼力。

2. 有包容的自信

1990年12月，著名社会学家费孝通先生总结出了"各美其美，美人之美，美美与共，天下大同"这一处理不同文化关系的十六字箴言。

这种有包容心的自信来源于自然的智慧。真正的自信需要一颗强大的心，因为对比无处不在——作为社会人，我们的存在就是一种参照和被参照，你无意与人相争，人要与你相争。那么我们该用怎样的态度对待这种让我们内心躁动的对比呢？必须学习大自然的包容心，包容大树也包容小草，欣赏接天莲叶，也欣赏沙漠孤枝。如果是一朵花，那就艳到极致；如果是一片叶，那就翠绿欲滴——我们应该抱着欣赏的眼光看待别人，也可以安然地只做自己，将自己的美表达到极致就好。

有包容的自信是“双生子”：既要接受自己，做好自己，将自己的美开发到最佳状态；又要善待别人的美，不干扰，不破坏，善于欣赏，乐于共存。

建立这种自信，需要一个漫长而痛苦的过程，因为有太多人缺乏自信。然而我一直相信，经历过不自信的自信才是持久有力的自信。因为当你发现在现有评价体系里，总有人天生条件比你更优越，总有人后天比你更努力，那时候你的自信就会走向反面。所以，也许有人天生就自信，那么这种自信是不持久的。从感性的肯定到理性的肯定，必须经由残酷的质疑和否定。一个人只有经历过不自信，最后到达的自信才是强大有力的。

相应的，美实在是一个很受时代影响的概念。杨贵妃138斤，虽然在唐朝是美人，但是放到今天也嫌太过；前段时间流行锥子脸，现在也被和气的小圆脸取代。科技越来越发达，我们已经开始有能力改变自己的样貌。然而如果试图永远紧跟潮流，又会让自己无所适从。

真正的自信是相信自己的美，同时懂得欣赏别人的美，只有欣赏才能吸收到别人身上美的能量，并让这种能量成为自己的补充。

所以，要到达有包容的自信这种境界，我们必须经过一段吸收自然之礼的旅程，收获真正的自信。

三、把自己开成一朵最美的花

1. 顺应自然，珍爱自身

小时候，母亲告诉我，我长得不美。所以那个时候，我很自卑，总觉得全世界看我的眼光，都在说“你不美”。于是，我每天走路都低着头弯着腰，这样一来，就更不美了。

后来有一天，听到有人说：“苔花如米大，也学牡丹开。”我便开始找大家公认的美女，照着样子改变自己。这个过程很漫长，犯过错，出过丑，东施效颦过，也在长夜里捂着被子大哭过。在这个漫长的过程中，我渐渐放下比较之心，渐渐认识到自己的优点和缺点，渐渐找到真正适合自己的样式、颜色，渐渐有了自己的风格。最后，终于体会到可可·香奈儿女士的那句话："时尚瞬息万变，唯有风格永存。"

自然界中，有牡丹也有小草，有山川也有细流，所以在美的世界里，有华美也有秀美，有壮美也有优美。我们每个人都独一无二，都有真正适合自己的风格。当有一天，我们真正学会爱自己，发掘出属于自己的美，便能让自己的风格永存。

从现在开始，关注你的手，今天它们累了吗？需要我们抚摸一下吗？

从现在开始，关注你的脚，今天它们辛苦吗？需要用热水泡一下吗？

从现在开始，关注你的眼睛，今天它们操劳吗？需要闭上眼睛休息一下吗？

从现在开始，关注你的脖子，现在感觉它还是柔软的吗？需要让它舒展一下吗？

从现在开始，关注你的皮肤，现在它清洁、滋润吗？需要用热水和护肤品滋养一下吗？

生命是一个奇妙的礼物，从现在开始，关注上天赐给你的这个礼物身上的每一处细微的地方——因为，我们的身体实在太美了，每一处都有它的价值和不可取代性。

2. 用自律保持平衡

文化给了每个民族不同的身体，罗马的美庄严而肃穆，他们身体的美在静态里；希腊的美健康而充满力量，他们身体的美在动态中；印度的美柔软与富有韵律，我们脑海里总是呈现出音乐中印度女人柔软的腰肢。

中国文化带给我们的是怎样一种身体之美？我认为四个字可以概括：天人合一。我们的养生文化讲究五行，不同的季节要对应不同的食品，不同颜色的食物对应身体不同的部分，所以饮食全面而均衡；同时又告诉我们，不同的时间要对身体进行不同的保养，黎明即起，过午不食。我们的文化时刻追求天与人的统一，要达到这种和谐统一，就必须要高度自律。

所谓自律，就是找到我们自己与外在环境之间获得平衡共鸣的韵律，并且一直保持下去。

每个人都希望生活在一种非常舒服的状态，但是这种"舒服"绝不是对欲望的放任。我们都尝试过一时忍不住，吃多了东西，结果造成胃的负担，甚至很久都睡不着；喝多了酒，结果要品尝宿醉的滋味；睡多了觉，结果醒来昏昏沉沉，毫无效率，到了晚上还难以入睡。所以，我们不能放任自己的口腹之欲，不能放任自己随时瘫坐在沙发上，不能放任自己熬夜赖床——不是说我们不能放松，在私密的环境偶尔这样做才是真实的人；但是，在公共的环境中，在处理公事的时间里，我们必须要考虑自己带给他人的感受。更重要的是，自律给我们带来的，是精神上处在一定的紧张状态，从而让自己真正“在状态”。

我们发现，当我们“在状态”时，当下的自己往往是积极的、快乐的、高效的。从长期来看，当我们真正控制住了自己的欲望，让自己一直处在“在状态”的自律中，我们才能获得身体长久的平衡。在古代，大家闺秀们饮食起居、言谈举止都有规矩，再加上思想上的单纯，才成为宝玉口中“水做的骨肉”。也只有这样的自己，才能让我们自己真心爱上。

所谓礼，就是要尊重自己、关爱自己，从而尊重他人、关爱他人。只有自律，我们才能获得身心真正的平衡，才能让自己一直处在自尊、自爱的状态中。当我们平和地看待自己，和自己友好相处，我们才能真正尊重他人、关爱他人。

人生最曼妙的风景竟是内心的淡定和从容……我们曾经如此期盼外界的认可，到最后才知道：世界是自己的，与他人无关。

第 2 章

遇见美丽的自己

当我们走出自我的世界，走向社会，走到他人身边，美丽以不打扰他人的方式绽放。

也许人与自然里的生灵唯一的不同在于：生命的再造。在你的有生之年，每一次与过去的告别都是一次再生。

美丽有共性，也被打上不可磨灭的地域文化烙印。

一个人的外貌肤色只能判断他的身份过往，行为举止才能展现他的“来龙去脉”、所思所想。

生在中国、长在中国，我们的血管里，早已融化了浓浓的属于中国的墨心禅性。我们受惠于中国的传统荣光，也要塑造现代中国的民族形象。

我们需要对自己的外貌做一定的修饰，不是说一定要整容，而是要修边幅。不论男女，不拘小节并不一定展现“真性情”，但一定说明这个人对自己和他人都态度随意、有欠尊重。

然而，凡事都有一个度，我们追求外表的美也要遵循一些原则，这些原则就是我们律己、待人、处世的态度。

一、美丽原则

1. 干净整洁

我们可以不穿名牌，甚至穿衣打扮不紧跟流行。我们也可以不烫发、不染发，保持头发本来的样子。但是，每天早上没洗脸、没梳头，对着镜子看，自己也觉得邋遢没精神。所以，对于外表来说，我们甚至可以不时尚，但是一定要干净整洁。而外表上的干净，不仅仅指每天洗脸梳头，把衣服拉整齐，这种干净还存在于更多细节中。

所以，早上上班，赶到了办公室，也请先到卫生间整理一下仪容，看看头发有没有乱，脸上有没有出油，有没有沾上灰尘？

男士若无特殊目的，尽量刮掉胡子，干净的下巴会让自己看起来朝气蓬勃。

还有一些更细小的地方需要我们注意：比如吃过早点，嘴巴和手有没有清洁干净？衣领前襟有没有沾上油渍？

在外奔波一天，鞋子有没有沾上泥土？是否保持光亮如新？

我在第一章中曾说，追求自然之美，最重要的一条就是要自律。然而自律就存在于这些细节中。当我们开始关注细节，我们会让自己变得更加优雅，会让身边的人产生更好的感观。

2. 惜物

以前有学生家里条件比较好，上了我的课，学会了关注细节，结果就走了极端。为了保证衣服绝对干净整洁，又尽量能跟上潮流，她基本上过一个月就换一批新衣服。

最开始我还没注意，以为她只是衣服比较多而已。后来无意中听她妈妈抱怨女儿花销大，我才知道竟然还产生了这样的误解。

不论古今中外，惜物绝对是必须遵守的美德。我们看到很多英国的老牌绅士，虽然他们的西装都是手工制作，价格昂贵，但是他们会将这样的衣服穿上十几年甚至几十年；前段时间无意中看到一组照片，发现英国皇室伊丽莎白女王以及公主们，也常常将一件礼服裙或者外套穿上二十多年，只是偶尔添上一两件小配饰罢了。

朱子家训中也说：“一粥一饭，当思来之不易；半寸半缕，恒念物力维艰。”惜物是中华文化的传统，我们每一个家庭也都有关于节省的长辈。对于每一个中国人来说，惜物绝对是应该保持并发扬光大的美德。

所以，吃饭的时候，我们可以不点珍馐佳肴，但是请务必按照食量选取，并尽量将盘中的食物吃光。

穿衣的时候，我们可以不买当季大牌，但是请务必将每一件衣物按照说明小心清洗，反过来晾晒，并熨烫平整再折叠收好，注意保持衣柜的干爽清洁。这样衣服可以保存得比较久，也比较耐穿。

3. 不“赶”流行

我们常常发现，现在的流行时尚，在很大程度上不过是重复了十年前的趋势。十年前买的真丝及踝长裙，现在拿出来依旧飘飘欲仙，还有胜过网上买来的质感。十二年前买的皮包，正好赶上了“复古”的潮流，那皮质反而是现在很多包都没法比拟的。五年前买的短靴，因为保养得当，现在依然光洁铮亮，款式经典不会过时，穿出去同事还以为是昨天买的……

都说女人永远缺一件衣服。其实“缺衣服”的不仅有女人，也有男人。这种“缺”是因为自己本身没有对于物质的正确观念，为了赶流行，宁愿买一些劣质、也许还不适合自己的衣服，又缺乏妥善的保养，最后穿了一两个月就破了，只能扔掉再买新的。

所以，选择适合自己的衣服吧，尽量挑质量好一些的，这样你会发现，自己不仅能轻易赶上流行，还能真正穿出自己的风格。

二、美从头发开始

1. 让发根可以随时起舞

武汉有个发型师，也看不出他有什么特别的，但做出来的发型看着就是顺眼。所以很多人都会提前好久预约，找他剪头发做发型。

有一次剪头发时聊天，他问我：“你知道吗？为什么发型师在做发型时都需要顾客先洗头？”

我当时一愣，他微笑，回答说：“因为要做好发型，发根必须是灵动的，要让发根有灵性，头皮必须是干净的。”

他的话好有意味。干净的底子里才会生出灵气，如同人心，心慈则貌美；如同身体，身健则形美。

自从听了这个发型师的哲学，我便养成了每天早晨洗头的习惯。早上洗干净再吹干，如要营造左侧的蓬松感，就将左边头发的发根往右吹；如果要营造右侧的蓬松感，就将右边头发的发根往左吹。这些并不困难，只需要准备一个带聚风筒的小吹风，吹完了稍作整理。我们也成了自己的发型师了。

塑造发型是发型师的事情，但是每天的打理是自己的事情。所以，应付日常生活，一定要选一款真正合适的发型。除了发型师们都会考虑的时尚，还要容易打理。多向发型师取经，学习一些日常打理头发的小技巧。毕竟，头发是自己的，美不美真的要自己负责。

2. 发型不重复脸型

发型帮助我们的脸找到平衡。平衡的总体原则，仍然是我们前面讲过的，永远避免尖锐感，要让整个脸部呈现出一种柔和的线条。我们在审视自己的脸型的时候，可以借助一个概念，叫作“三庭五眼”。

从我们的上额线到眉毛，眉毛到鼻尖，鼻尖道下巴，这三个部分叫作“三庭”。如果三庭的长度是相等的，那么我们的脸长便是标准的。如果不一样，就需要用发型来修饰。如果额头短了，可以垫发根，或者用一些美发产品营造蓬松感，起到视觉上的拉伸效果；如果鼻尖到下巴短了，我们可以把头发略微留长，在两颊处做成“梨花”，转移注意力。

“五眼”是衡量脸宽是否标准的概念。标准的脸宽应该刚好等于五个眼睛的距离。如果小于这个距离，我们的发型就需要在头部两侧营造蓬松感；如果大于这个距离，我们的发型就要尽量往内收，让整体的视觉效果趋向平衡。

当比例恰好为“三庭五眼”时，我们发现这种脸型正好是传统审美最喜欢的“瓜子脸”。拥有这种脸型的人可以很省心，随意地让头发呈现出最自然的状态就好，自信地让自己整个脸都露出来吧，你会吸引大家的目光！

前段时间，很流行“锥子脸”。原因是这种脸经得起镜头的“考验”，不论从什么角度拍摄都很好看。但现实世界毕竟不是处处都有摄像机，生活中，这样的“锥子脸”其实给人一种特别尖锐的感觉，最好在两颊烫出微卷的“梨花”，让整体视觉效果趋于柔和。

相反，如果脸型比较圆，整体柔和有余，就需要及肩或者过肩的中长直发来拉长视觉效果。

如果脸型比较方，就需要用一个内扣的发型来修饰棱角，让整个脸呈现出柔和的线条。

但是，如果下颌骨真的非常突出，而且相对的整张脸比较短，那么发型除了要修饰比较尖锐的棱角之外，长度也要超过下巴，起到一定的拉长效果。

头发需要滋养，发型需要选择。这里的图片都是以女孩子的发型为例，但是从中我们不难看出，中国人的审美，最讲究的还是中庸平衡。从头开始，不论男女，由内而外，都需要细心打理。

最后，分享几条关于头发最基础的心得，希望对大家有帮助！

——心得1：每天早上洗头，自己按照发型师的打理建议吹干。晚上洗了发型容易塌，早上也难以整理好。所以要保持头发干爽、发型好看，一定要早上洗头。

——心得2：洗头时放点音乐，让心情好起来。洗头可以变成一个头皮放松的过程，更应该变成一个把自己点亮的过程。点亮自己，从心开始。平时多吃黑芝麻，如果发质比较干燥，一定要用一些护发产品，因为头发不仅需要保持干爽，还应该富有光泽。

——心得3：减少烫染的次数。众所周知，烫染过于频繁会损伤头发，这种损伤不论如何护发都无法修复。自然有光泽的秀发会让人感受到一种生命力，这绝对比精心造型却受损的头发好多了。

——心得4：经常修剪，尤其是短发。头发长长的速度很快，如果不及时修剪，就会失去层次，看起来杂乱无章。尤其是短发，长长之后的变化特别明显。很多女生喜欢留长发，但是刘海的部分也需要及时打理，要照顾到整体。这就好比花草树木，也需要经常修剪，不但不会破坏它，还会让它更朝气蓬勃。大家也可以学着自己剪刘海，并不一定每次都需要去理发店。

美是一种态度，它意味着人有追求，要自律，要时刻审视自己。清早起床，把自己打理得干净清爽，是每个有追求的人必须要做的事情。即使头发只是一个微小的细节，也不能因为怕麻烦就放过。

三、最好的中国表情

微笑是最美好的表情，是男人最温暖的风度，是女人最有效的保养，微笑也是一个人对这个世界做出的最大的欢迎。世界名模刘雯就是以她灿烂的笑容征服了时尚圈和全世界的观众。

子曰："己欲立而立人，己欲达而达人。"每个人都希望感受到来自外界的善意，那就应该首先向外界释放善意。而微笑，是我们对别人最善意的邀请，仿佛在说："来吧，我们做朋友吧！"

1. 鼓励包容的温暖微笑

《论语·公冶长》中记录了这样一段对话：

子张问曰："令尹子文三仕为令尹，无喜色；三已之，无愠色。旧令尹之政，必以告新令尹。何如？"子曰："忠矣。"

楚国子文三次官至宰相，又三次被罢免，这是春秋时期的"三起三落"。每次被任免的时候，他没有任何喜色；每次被罢免的时候，也没有任何愠色，不仅如此，每次被罢免，他都会尽心做好职务交接，以免政令中断。

中国文化讲究气度涵养，要求"喜怒不行于色"，不要让自己的情绪影响到他人。我们多少都有小心翼翼地看人脸色说话行事的经验，总是觉得非常忐忑，仿佛是自己做错了什么事，才造成了别人的不快。推己及人，假若我们能不将自己的情绪放在脸上，即使对方真的做了什么不适当的事，也能够尽量包容，像楚国的宰相子文那样，那么，别人在与我们相处的时候，就不会那么拘束，我们所从事的工作也能少受个人情绪的影响，进行得更加顺利。

武汉大学有位教授，一直深得学生欢迎，除了因为课上得好、研究做得好，恐怕还跟他行事气度分不开。每次见到他，他脸上总是带着温和的笑，跟人说话时也一样，不论讨论到什么问题，他总是带着谦和的微笑，鼓励别人多说一点，不用拘束。有个学生告诉我，有一次，那位老师在办公室与外地一所大学的老师电话沟通，询问事项，他们在办公室里等待结果。年轻学子们聚在一起，总是叽叽喳喳，说个没完，一不小心声音太大，那位老师也只是微笑着轻轻摆手，示意大家小声点。这个学生后来感触很深，老师非常温和，他们也会不自觉地想让自己也更有礼貌。一想到明明老师是在为自己办事，自己还在旁边吵，就觉得非常愧疚自责；可是看到老师表情仍然那么温和，就情不自禁地稍微放松，安静地等待结果，并顺畅地进行后续的工作。

温和的表情传达一颗包容的心，鼓励别人向你走进。所以，中国式的魅力就在微笑里，这个微笑表现了一个人的教养和素质，更充满了儒雅和仁爱。

2. 坦率地表达内心

日常的工作和生活中，表情更多满足交际的需要，表达人内心的想法和对人、对事情的态度。

去拜访别人，带上诚恳的微笑，表达自己的善意，往往能够让人更容易接纳我们。初见一个人，或者有客来访，微笑表达的是对对方的欢迎和自己友善的态度。见到笑容，对方往往能够放下紧张和局促，从容、明确的表达自己的意图，为双方的交流打开良好的局面。

这种笑容应该是真诚的、发自真心的。有的人性格比较内向，笑容可以随着自己的个性略微含蓄；有的人天性比较热情，笑容略微灿烂也无妨。只要是发自内心的笑容，都能够撼动人心。

但是，我们没有必要强求微笑，表情应该坦率地表达内心的感受。有人以为既然微笑代表了友善、鼓励和亲切的态度，那么就应该时刻保持微笑。可是，如果场合不对，明明是一个悲伤的场合，微笑就不是对别人的鼓励，而成了冷漠和麻木的表现。

所以，表情作为形象的一部分，必须遵循形象的TPO原则。T指的是time，P是指position，O指occasion，即形象要符合时间、地点、场合的需要。

四、美丽需要自律

美是一种态度。不论男女，都应秉承这种态度。正如第一章里所说，美是每一个保持着上进心的人的基本追求。

与生俱来的美固然令人欣喜，但是可遇不可求。对于一个普通人来说，美丽只能靠自律。

不论男女，美丽都有一些共同的标准。

——匀称。我认为对身材的要求是一种自律的表达，是将精神生命开发到极致的一种状态，中国自古讲究慎独，强调人要自省自律，不能让欲望主宰我们。人不应该太胖，即使是男士，挺着啤酒肚，也失去了中国的儒雅之美。人也不能太瘦，骨感也并不是中国社会的审美主流。所以，规律作息，坚持运动，适当地控制饮食，才能拥有匀称、健康的身体。

——干净。不论男女，干净是第二个关键要素。我们一直强调，礼仪的核心是心中有他人，不影响别人。所以，我们要让自己干净，出门前洗头洗澡。自己给头发做个造型，男士要注意衣着搭配，女士可以适当化妆，但是切忌浓妆艳抹，如果喷香水也要注意适量。

——精致。精致是对个人形象用心的一种表达，体现在服装上是整体的简单和局部的精美。正如米开朗基罗所言：美就是净化过剩的过程。同时还要注意品质，不一定要名牌，但是一定要注重材质。事实上，即便是名牌服装配饰，也要挑选没有明显logo的，最时尚的做法是，不论是包、皮带还是衣服、眼镜，不能让人老远就看出是什么牌子。

五、美丽的身体礼仪

一个民族的文化塑造了这个民族的灵魂，最终体现在身体之上。人们的身体举止表达了这个民族对于他人的看法，所以，我通常会把一般意义上的仪态礼仪称作身体礼仪。

什么样的仪态是美丽的，地域不同，标准不一。我们眼里关于身体的美丽背后总是有文化和历史的背景。美的身体是一个文化的产物。

埃及文化让埃及人的身体美得一丝不苟，严肃又沉重；希腊文化让希腊人的身体健康结实。

现代西方文化背景里的身体美学是自由性感的，中国文化背景里的身体美学则要求中庸节制。

所以，中国男人应该有种大气儒雅的风范，中国女人端庄文雅会让人如沐春风。

1. 站姿

这是所有动作的起点，男性的站姿要能体现山的仁厚，就符和中国人的审美标准了：女性则要站出柔和轻盈如水的感觉。

如下图，男性的所有姿势，都可以尽量占据有效空间，并且强调稳定性。因此，男士在站着的时候，注意挺胸收腹，可以双腿分开，同时双手自然放在身前，右手握左手的手腕。

有的男士喜欢双手握于背后，这样传达出来的是权威和距离感，在特定的场合下，也可以采取这样的姿势。

女性站着的时候，则要遵循“二二三”原则，即二平、二收和三挺。二平是肩膀放平，视线平时前方；二收是收腹，收下颌；三挺是挺胸，挺脖子，同时腿部也要用力挺直——做到了这些，你才会感觉到仿佛有一根绳子在头顶，帮助整个人表现出亭亭玉立之感。以前很多礼仪培训班会让女性头顶着书本练习，这一招虽然已经过时了，但其实非常有效。

同时，前面说过，东方的女性美，要含蓄柔和，因此，站着的时候要控制手臂的角度，尽量别让胳膊和身体有空隙。

不论男女，最初接触这些姿势的时候都会显得僵硬。但正如我们前面所说的，自然之礼，也要遵循基本的礼仪规范。只有当这些规范内化于心，我们才有机会真正走向“自然”。

2. 坐姿

如图，不论男女，坐下时都不能将椅子坐满，而应该依个人习惯坐在椅面1／3～2／3的位置，这样才能在坐稳当的前提下依然保持抬头挺胸的姿势。男士坐下时注意双脚与肩同宽，千万不要超过肩膀的宽度；双手自然放在大腿上。注意，不能撑在膝盖上，否则会造成上身前倾，那是在暗示对方，自己预备离席了。女士坐下后，双脚斜放于身前，可以略微往前延伸，这样从前方看，会显得腿很长，这个姿势照相也很漂亮。如果裙子比较短，双手放在腿上压住裙边；如果裙子比较长，则可以自如一点，但要注意，由于双腿已经往一个方向倾斜，双手应该放在另一边的腿上，这样整体看起来仍然是平衡的。

3. 蹲姿

如果有东西掉落在地上，不论男女，都要切记，万不可弯腰去捡，那个姿势实在不雅，一定要蹲下来。蹲下时要注意，一腿高一腿低。女士蹲下时，要尤其注意不要走光，最好把手放在两腿中间，压住裙子。

4. 指引

指引的姿势比较简单一点，主要是依托于站姿，但是要注意，不论是指引方位还是物品，千万不能用“一指禅”，我们说过，不能用任何尖锐的部分对着他人，包括我们的手指在内。另外，女士要注意，手伸出来的时候与身体的角度要小，千万不能平伸出去。

5. 递送物品

不论男女，在站姿的基础上，双手伸出递送物品，同时身体前倾，眼睛要注视文件。如果递送的是名片之类比较小的东西，就用指尖拿名片；如果是文件之类，则用手拿住。相应的，如果递送的是水杯之类的较大物品，男女姿势就产生区别。男士应用双手握住，而女士则应该一手托住下方，一手扶侧边。

人生就像一场云中漫步，保持轻松跳跃的姿态，谁知道会蹦上哪一级梦寐以求的台阶。

第3章

约得到人并且约会能成

不哗众取宠，不虚伪造作，也许这样，才会暗香自来，感谢时间，感谢自然，感谢下一个转身。

一、如何约得到人

1. 准备好你自己

——时刻保持美丽。不是为了吸引谁、取悦谁，而是为了让自己时刻“在状态”。每个人都有低潮，如果抱着“我今天心情不好”，或者“我今天状态不佳”的心态，那么恐怕真的要好久才能恢复过来。相反，假若此时还能保持自律，让自己时刻都看到自己最美丽的样子，会加速回归正轨。

要想让自己在低潮时仍能保持自律，就要加强锻炼。一是锻炼身体，让自己有健康的体魄和良好的体力，有即使累了睡一觉就能恢复元气的身体。二是锻炼神经，让自己有一根足够粗的神经，能够无视自己的“玻璃心”。

——保持自信。自信的男人最英俊，自信的女人最美丽，这是全世界都知道的真理。所以，保持自信吧，这是古今中外所有的男神女神们的共同特质。

可是很多人的问题在于，他们根本没有建立起自信，又何来保持？

我的建议是：保持微笑。这是最简单的方法。每当我发现自己面临一个新情况，或者要解决一个新问题，我会首先让自己冷静下来，然后告诉自己，我一定能解决好，这时微笑就自然流露出来了。

有的人生性比较腼腆，或者因为缺乏说话的技巧，对于与人交流这件事本身缺乏自信，这时，他就需要多练习与人交流，让自己更多地曝光在人前，与人说得越多，就越能掌控好自己。

2. 你会预约吗?

不论是想约自己的老师、老板、客户，还是心仪已久的TA，如果不能掌握一些诀窍，你会发现，不论如何努力，自己仍然在原地打转。

想要让自己的邀约有效，首先要想清楚自己的目的到底是什么。

——如果自己邀约的是自己的老师或者老板，可能是想获得某个具体的指点；或者有个具体的生意想要跟自己的客户讨论，则需要用到封闭式的邀约：

“有个关于××的问题，我想本周到您办公室跟您讨论一下，不知道周一到周四，这四天里您哪天比较有空？”

在这个提问中，给出了具体的地点和可以选择的时间，给对方的信息非常明确，对方只需要根据实际情况做出选择即可。但是，假如这里给的是开放式的问题，比如说“我有个关于××的问题，想跟您讨论一下，不知道什么时候方便呢？”对方很有可能就回答：“现在就方便哪，你在电话里说吧。”

——如果是已经有一定交情的同事、朋友、老师、老板，或者是想要通过交往而增进了解、加深感情的朋友，尤其是你心仪已久的那个TA，则要采取兴趣式的邀约：

“《大圣归来》上映了，口碑不错呢，一起去看看吧！”

“春天到了，江滩那好多人放风筝，去吗？”

这种邀约的前提是，对对方有一定的了解，知道对方的兴趣点大约在哪里，千万不能只从自己的兴趣考虑。当然，如果本来就只是想看看对方兴趣如何，一旦话不投机也不打算再有以后，那就另当别论。

——如果是有类似于学术生涯或者是职业生涯规划这种比较宏大的问题需要讨论，或者是一个不那么着急但是确实比较重要的问题，开放式的邀约就成为最佳选择。

比如我们可以说：“我有个关于学术／工作的问题，想请教一下您的建议，请问我可以来找您吗？”

不论是哪一种问题，最重要的是想清楚自己真正的目的是什么。是获得一个具体的答案，还是只想争取一个相处的机会？选择合适的邀约方式，是邀约成功的关键。而选择的秘诀在于，一定要从对方的角度看问题。

最后，要说明的是，如果邀约被拒绝，那也是非常自然的事情。即使是自己的老师，也完全没有义务一定要满足我们的所有要求。这个时候，千万不能预设立场，觉得别人拒绝了我们的邀请就是对我们心存恶意。要仔细地去思考这其中的原因，可能是对方这段时间真的很忙，或者彼此之间存在什么误会，又或者是对方觉得自己帮不上忙。不管是哪一种，都不要因为被拒就灰心丧气，甚至存下怨恨。人与人之间的交往，贵在坦诚，重在体谅。

3. 开始约会

——忘掉约会，享受约会。不要试图讨好对方，也不要期待被人讨好。事实上，没有人能够真正被有目的地讨好。其实每个人都很敏感，如果这约会不是你真正想要的，或者你说话言不由衷，对方都能感觉到。所以，不如放下一切功利心，做好你自己，说发自内心的话，自如就好。

——约会“五到”：眼到、口到、身到、心到、意到。其实“五到”是一体的，你意到了，心自然会放在眼前的人身上；心到了，你眼里会有对方，你会注意观察约会的环境、对方的穿着、当天的天气，你会体会到对方的感受，自然而然地就会说出让对方感动的话，做出让对方高兴的事。

所有的关键，还是如最开始我们所说的，有“你”才有礼，从内心深处关心别人，你的礼仪才会真正温暖人心。

二、约会进行时

1. 喝什么?

当我们坐定后，第一个要面对的问题就是喝什么。它是剧情的序幕，效果全由我们自己设计和把握。

吃喝之意不在饮食，在乎心情心境也。味觉感官的高潮，永远不及吃喝时的光影声色。喝，是学问，也是情怀。如果约会的地点是在对方的办公室或者家中，那当然是客随主便。但如果自己可以作主，就要视场合做一些安排。

——如果是普通朋友聚会，一杯加气矿泉水或者轻质苏打水就够了。它会让整个场合看起来更放松，彼此之间也更容易拉近距离，真正做到无障碍交流。一些年轻的朋友聚在一起，喜欢喝碳酸饮料，或者是果汁、瓶装红绿茶，这些也完全没问题。这种情况下，大家完全可以依照自己的喜好，宾主尽欢就好。

——如果是比较庄重正式的会面，一壶中国茶可能更合适。它淡淡的茶香气会让约会的氛围充满雅气，很多人对茶都有独到的见解，喝茶的时候也会忍不住打开话匣子，讲起一些有趣的故事，话题就不知不觉打开了。只不过，喝中国茶要注意，如果对茶没有真正深入的了解，不要随便开茶席，这是对茶、对客人的双重不尊重，还容易贻笑大方。另外，如果在座有老人，或者有对咖啡因比较敏感的人，时间稍晚，就不要再泡茶了，以免给客人带来困扰。

——正式的场合，还有一种合适的饮料，那就是咖啡。事实上，咖啡的故事并不比茶少，由于其产地的特殊性，咖啡在全球的传播，与现代贸易紧密相关，背后藏着一部现代史。煮咖啡的过程也让很多人享受，只是这需要另外一种文化背景。

选择泡茶还是煮咖啡，完全取决于客人的爱好和主人自己的情况。只是还和前面一样，如果时间比较晚，就要考虑咖啡因是否会给客人带来困扰。

——如果是酒会，或者本身就是宴席，可能会涉及饮酒。每个人根据自己的情况，不过量即可；如果不能饮酒，可以说明情况，礼貌拒绝。但是，如果只是两个人的会面，除非这两个人本来就是酒友，否则就不要喝酒了。

2. 美丽进行时

聊天开始后，我们在保持自然与自我控制之间找到契合点，原则是重视对方又不要让气氛太过于压抑。

——聊天最开始，目光直视对方的眼睛，少许时间在嘴唇、鼻头、下巴处游离，这样可以制造一种很有亲和力的氛围。当然如果你是在谈工作，建议注视额头是最好的，这样注视会营造出理性的氛围。

——活跃对话气氛，如果出现冷场，那就找出一些问题问他，对有可能引起对方兴致的话题表现出兴趣。有时候，为了让对方更多地参与到对话中，可以采取一些闭合型问题，比如以“是不是”“喜欢不喜欢”等开头的问题。

——谈话进行中，注意目光要柔和，不要长时间盯着对方的眼睛看，这样会让对方紧张。目光移开时，可以去看对方的下巴和嘴唇，这样有助于创造温馨的氛围。要想让自己目光柔和，你的心首先要柔软起来。这样由内而外的柔和，很快就能让对方感觉到。

——注意压低音量。中国人在这一点上要尤其注意。其实，按照我们国家传统文化的要求，沟通时也不应使用过大的音量。因此，大家在约见时，还是尽量控制自己，不要一时高兴，打扰了周围的人。

——谈话过程中注意礼貌。首先要继续保持坐姿仪态，可以稍微放松，但千万不能把腿架到膝盖上，也不能抖腿。如果需要服务，可以礼貌要求。时刻谨记，礼仪的核心是要尊重别人。

3. 避免不美丽

每次外出赴约，我必定先准备好。

——避免被打断。自从大家有了手机之后，常常响起的QQ、微信提示铃总会打断谈话。所以，出门前应该把手机调成震动状态，或者至少暂时关掉提示铃。此外，尽量在出门前处理完各种私人问题，以免中途离席。

——随身携带纸巾。不论是用餐还是出外，纸巾总是有用武之地的。尤其是夏天，如果出了汗，可以先用纸巾擦干净，然后再进入预先约好的场所。

三、和TA的第一次约会？

1. 初见，如何把自信传达给她？

——第一声问候

男士的问候从“您好”开始，不需要多余的语言，只需要你的语气里传达出男人的大气和稳重以及传递给对方的安全感。

当然伴随第一声问候的还有你的微笑和目光注视，第一眼注视当然是直视对方的眼睛，需要专注且有力，这是一种尊重，更是一种自信。

——第一次握手

见面前请先检查一下双手是否干爽整洁，可以用事先准备的纸巾擦拭，避免握手时出现尴尬的情况。

问候过后，握手是必需的，这是社会交往中唯一一个触及到触觉审美愉悦的动作，男人的自信和热情就在这触觉审美里传达出来，所以，握手时务必五指并用，用力量来传递出重视，用手的温度来传递出热情。

——第一次给予

问候完后，该是你表现出风度和温暖的时候了。许多人在握手过后，认为任务便完成了，接下来就可以安排饮食了。其实不然，当客人来到一个陌生的地方，她是缺乏安全感的，需要获得一块专属于自己的安全区域。

按照中国文化习惯，男人是属阳性的，在男女交往中，是应该主动给予爱的一方。所以，请务必将约会对象安顿在一个地方坐下来，让她安顿好后，你才能去忙别的事情。

——第一个话题

创造聊天话题的能力，能够反映一个人情商的高低。

一个懂得关心他人的人总能够找到别人感兴趣的话题。我们应该主动去培养这样的能力，了解什么是别人感兴趣的话题，怎样让这个话题能够继续。

很多人没有这种能力，于是只好像英国人一样，见面打着哈哈去谈论天气。可是，英国人这么做，是因为他们真的关心天气，而我们，尤其是很多女士，可能更关心别的事情。比如很多女士都很关注穿衣打扮，所以着装细节可以成为一个良好的话题。可惜很多男士对此并不了解，可能也并不感兴趣。

在这里，教给大家一个小诀窍，看女士的眼睛特别关注的东西，她一直看向哪里，就主动去谈论什么。当然，如果你能够找到一个细节，并真心地赞美，相信女士一定会非常高兴。

2. 初见，如何把柔美传达给他?

——第一抹微笑

第一次见面，女人的微笑是最好的化妆品，第一抹微笑需要保持距离，也需要体现出东方美——含蓄。由于双方还并不熟悉，太过热情的笑容反而容易让人产生拘束感。所以，第一抹微笑一定是浅浅一笑，不露牙齿，用眼睛微笑的一道风景。

——第一次握手

握手不能敷衍，不能只是为了完成一个社交礼仪环节，它需要传达出触觉愉悦和美感。我们在触觉审美中说过，触觉审美需要的美感是温暖和柔软。所以，此时，你的心灵首先要柔软起来，有个小天使降临在你的内心，让你用爱来柔软自己，柔软你的眼神，柔软你的手。

让你看起来更柔软的还有一个细节，那就是东方女人的握手方式，需要继续表达出东方女人的含蓄。这就要求你在伸手的一刹那，将手臂向身体内侧弯15度。

——第一次被给予

当你来到一个陌生的环境，也许你需要一个属于你的区域坐下来，但是无论你多么渴望被人照顾，请千万不要直接说出来，更不要自以为是地贸然坐下或贸然行动。你可以用征询语来表达“请问我坐在哪里比较合适？”你只需要提示对方即可，等待对方来给予，你作为客人，永远记住把给予的机会给主人。

——第一次回应

既然第一个话题由主人说出来，作为客人的你在回答第一个问题时，不妨留些空间出来让话题能够继续。我碰到过一些话题，我是这样处理的。

朋友：刘老师，您的衣服好漂亮。

刘俊：谢谢，我今天穿得很简单，看来您也比较喜欢简洁的风格。

朋友：刘老师，刚才您进来的时候，我发现你对这间房间的窗帘观察很久，您很喜欢这种风格吗？

刘俊：窗帘和整个房间的装饰风格很搭配，起到了画龙点睛的效果，看来您是下了很大功夫的，对吗？

四、第一次约会之后

不论是亲情、友情还是男女之爱，都需要我们悉心维护。再深厚的感情，如果长时间对对方不闻不问，这感情都要变浅变淡。

因此，第一次约会结束，留下良好的印象之后，一定要及时再联系。最自然的方式，莫过于大约计算时间，然后以短信询问对方是否安全到家，并对今天对方能抽出时间与你见面表示感谢。

在此之后，逢年过节，可以给对方发去信息问候。但是一定要注意，不要群发信息，也不要复制粘贴别人发给自己的信息。信息一定要坚持自己编写，针对每一个人的情况发不同的内容，这样才有诚意。

有的朋友一直很苦恼，问我说：“刘老师，您说要讲中国传统，可是我们的传统是逢年过节要礼尚往来。以前当学生还好，谁也不会要求一个学生送礼，但是现在工作了，送礼就难了。送便宜了吧，人家觉得你不重视；送贵了吧，又不好，说不定别人还以为我有什么目的。这可怎么办呢？”

要我说，礼物不贵，重在心意。

中国的传统文化重视礼物，礼物的“礼”和礼仪的“礼”用了同一个字，从中自然可以看出礼物的重要。但是，送礼并不是越贵越好，重要的是一片心意。

我认识一位女士，她也承担一定的政府职务，平时工作非常辛苦。我去她办公室拜访过几次之后，发现她常常忙得连喝水都顾不上。我有一次碰巧在街上看到一个很漂亮的茶壶，上面描着红色的小花，我买下来，在里面种了绿萝。过年的时候，绿萝刚长起来，红花配绿叶，显得生机盎然。我把绿萝送给那位女士，并告诉她：“你把这个放在桌子上，每次看到它就提醒自己，该去喝水了。”

后来好几年过去了，那盆绿萝一直放在她的桌子上，备受珍视。我与那位女士至今也保持着联系，并成为很好的朋友。

回头想想，一盆绿萝并不值钱，但是因为我确实关心她，发现了她的需求，她也能感受到我这种真挚的关心。人与人之间的感情，就是这样建立并维系的。

“难”绝对是生命中幸福的开始，“容易”绝不是该庆幸的事，因为难，会有渴望，有盼望，有期待，所以到最后有珍惜。

第 4 章

修炼成职场的“神”

人生似场马拉松比赛，然而没有一位冠军是赢在起跑线上的。自己是生命中需要遇见的第一个人，但无论你多么好，或是多么不好，你也只是起点。在路上，你还要遇见很多人之后才能遇见更好的自己，若希望更快地遇见更好的自己，必须与礼仪同行。

一、让工作成为自己真正的选择

很多人曾经问我：“刘老师，在择业与就业中，我究竟应该怎么选呢？是应该赶紧找一份工作养活自己，还是应该好好挑选，找一份满意的工作呢？”

工作是人生中非常重要的一步，不论男女，都应该慎重地选择自己的每一份工作，并且认真地规划自己的职业生涯。不仅仅是为了赚钱，工作是自己与社会联系的重要途径，更是自己实现人生价值的重要途径。

从这个角度来说，我所讲的工作，就不一定是指接受一份offer，还包括自己创业，或者选择自由职业。重要的是，你必须综合考虑自己的爱好和能力。

1. 一件必须想清楚的事

做决定之前，有一件事必须想清楚：自己究竟为什么选这份工作。这个世界上，只有做自己真正喜欢的事，才能一直坚持下去。而所谓“真正喜欢”，就是即使不给钱，你自己也愿意去做的事。

因为，只有真正喜欢，才会有动力克服工作中的各种困难，才会坚持自我学习、自我提升，也才有能力应对各种挑战。

所以，如果为了尽快养活自己而选择了“就业”，却不能让自己真正爱上所就的那份职业，可能可以养活自己一阵子，却不能养活自己一辈子。即便是选择了“择业”，如果“择”的标准不是发自内心的喜爱，而是考虑这份工作的薪资待遇、是否忙碌，那一样做不好。

2. 一件必须查清楚的事

确定求职目标的时候，一定要查清楚，谁是行内的标杆。最好在实习的时候就研究清楚，然后尽量进入标杆企业实习。

第一份工作应该更看重能够学到的经验，是否可以在这份工作中学到整个流程，是否能够找到自己的位置，是否可以接触更多的人脉，甚至从中找到自己的职业导师。这些比薪资待遇更加重要。当然，不是说薪资待遇不重要，只是当二者有矛盾的时候，还是学到东西更重要。

3. 五个必须回答的问题

找到合适的公司，从投递简历开始，就必须要仔细考量自己的条件是否符合公司的需要。最简单的方法就是回答五个问题：what，why，who，how和how much。

首先是what，你申请的这个职位其职能是什么呢？工作内容是否如同你所想？假如有所出入，那么你还感兴趣吗？

其次是why，为什么要申请这个职位呢？你究竟是以什么为标准选中这份工作的？同理，究竟是以什么标准选中这家公司的？

第三是who，你是谁？这绝不是一个哲学问题，让你去探讨自己的身份以及存在的意义，而是需要你去明确，自己身上究竟有哪些特质是符合这份工作、这家公司的需求的？这些特质能够让你胜任这个职位吗？

第四是how，接上一问，假如你仍然认为自己的特质足以胜任这个职位，那么如何胜任？如果被录取，你将如何完成你的工作？

最后一个how much，就是自己对于薪资待遇的要求。虽然说第一份工作不用太计较这些，但这仍然是一个非常重要的问题，必须考虑清楚。对于行业的平均收入，以及目标公司目标职位的待遇有一个大体的了解，是否能够承担自己的日常开销？假如不行，就要制订切实可行的计划弥补开销上的差距。

二、走到应聘者的门前

1. 你会写简历吗?

——简历只需要一张纸。

我曾经在课堂上要求学生写一份简历，应聘我的助手这一职位。结果每个班交上来的简历中，要么就是一页都没有写满，要么就是洋洋洒洒三大张。

我在很多用人单位进行礼仪讲座的时候，他们的人事经理都告诉我：其实，最好的简历，一定是正好一页纸的。如果不满一页纸，那么你给用人单位参考的信息就不够；但是如果超过一页纸，至少说明你的编辑概括能力不足。

——为不同的职位专门撰写简历。

有的同学会同时向好几家公司的多个职位投递简历。这个做法本身没有问题，而且还值得称道，但是要注意，对于一家公司，不要同时投递多份简历。

在投简历的时候，也要注意，根据不同的公司、不同的职位专门撰写简历。因为每家公司的企业文化都各不相同，不同的职位对于个人能力的要求也不同。为了让自己的简历能够更快地被hr选中，同时增加录取几率，就要将自认为自己有的适合本职位的特质，以关键词的形式标出，方便检索。

有一次，讲座结束以后，谈到年轻人应聘的问题，一家用人单位的领导谈起他们半个月前招聘时遇到的一件事。有一位应聘者，是个男生，个人条件也非常不错，但是看了简历之后，这位领导发现，他的简历上描述自己时同时用了这么两个词：沉稳内敛，热情外向。一个人不可能既内敛又外向，所以这位应聘者要么就是不能正确认识自己，要么就是根本没有好好准备简历。

很多应聘者都存在这个问题，做自我评价时，不能认真审视自己，而是把各种自己觉得好的词都罗列在上面，一不小心就会出现这种自相矛盾的情况。

所以，编写简历，一定要尊重事实，客观评价自己，同时从职位出发，去寻找自己和这个职位的契合点。

2. 你会发邮件吗?

每学期我都会布置三次平时作业，让大家发到我邮箱。可是尽管我每次都会给大家强调邮件标题的写法，仍然有很多同学都不能真正按照要求来。结果就是，每次我打开邮箱，总会看到一大堆主题不明的邮件。可想而知，每到招聘开始的时候，hr的邮箱里也一定堆满了各种邮件。

邮件标题的作用，是让收信人明白这封邮件是关于什么事情的，最好还要知道是谁发的。因此，邮件标题最好用“主题+发件人姓名”的形式。相应的，应聘邮件的标题最好写成“应聘+应聘职位+发件人姓名”。

三、如何让求职成为一次美丽的相遇

1. 你会敲门吗？

一次到一个行政事业单位去讲座，单位领导在办公室与我分享他的苦恼。他发现新来的年轻人好像都不知道如何敲门。有的比较大大咧咧，不敲门直接进入他的办公室，有时候会让他不知所措。还有的小心翼翼，每次进门前都会先鬼鬼祟祟地扭一下门的球形锁，发现可以扭得动，便探个脑袋进来，搞得这位领导哭笑不得。

敲门是一个请求，请求进入对方的世界。当别人在自己的办公室工作时，一般都处在注意力高度集中的状态。此时贸然进入，可能会吓到别人，至少会打扰到对方。因此，敲门是必需的环节。

如果门是关着的，你敲门时力度要适当，不可太重，以免制造出噪音；也不能太轻，以免对方听不到。如果里面有应答说“进来”，你便进去。如果没有应答，建议用手机打个电话确认里面是否有人。

如果门是开着的，你也应该轻轻敲击打开的门，提醒里面人的注意，以免突然说话把对方吓到。敲完后应该问一句：“请问我可以进来吗？”

2. 你怎样走进别人的空间？

办公室既是公共场所，也是私人领地。这里的每一件物品，或属于公共财物，或属于私人物品，都是主人细心布置的。尤其是私人物品，很多都涉及对方隐私。所以，当你经过允许，进入办公室之后，也必须时刻保持谨慎，这既是尊重别人，也是尊重自己。

所以，进入别人的专属空间，千万别未经允许乱翻别人的物品。哪怕只是目光注视都必须是远观，更不可用手接触。

如果进入办公室，你要拜访的人正好在接待别人，你一定要问候、致歉，并在一旁等候。因为你的出现打断了他们的谈话，同时对方看到还有来访者，一定会加快谈话进程，尽早结束。

3. 你怎样坐下来?

是否就座，需要等待对方的指示。别人还未邀请时，不要随意落座。

进入办公室，你可以先环视一下四周的环境，找出你认为合适坐下的地方。如果对方忘记示意，你不妨指着你刚才找好的区域问一下："请问我可以坐在这里吗？"

得到许可后，你落座的一刹那不可以发出大的声响。女士如果穿了裙子，一定要记得用手抚裙，以免不雅。

4. 你会在离开时把空间还原吗?

当拜访接近尾声，我们必须将环境还原成你来前的样子，把坐过的椅子放回原位，使用了的纸张、尤其是你喝过的一次性水杯，都需要自行带走。

有位诺贝尔奖获得者在获奖时回答主持人的提问：请问是什么影响了您一生？他回答：是我在幼儿园时老师教会我把东西放回原处的习惯。

所以，尊重这个良好的习惯吧！

5. 你会道别吗?

很多人在主人送别时不知如何是好。如果仅说"谢谢"，似乎是鼓励别人继续送；如果说"不用送"，又显得比较无力。一般我推荐这样说："就此作别，请您留步。"同时对主人微笑致意。

二、如何给面试设计关键的节点

1. 面试的基本流程是什么?

很多同学平时表现都落落大方，但是到了面试的时候却过于紧张，往往表现失常。其实，只要事前充分准备，尤其是对于面试的流程反复演练，熟能生巧，在面试时就会给面试官留下良好的印象。

——第一步：敲门，并询问："请问我可以进来吗？"进门后一定要把门关上，如前面所说，我们必须把环境还原到之前的样子。关门的时候动作要轻，不要发出巨大的声响。

有一次，有个学生很激动地跑来告诉我，他应聘到了湖北省总商会。谈起面试过程，他非常骄傲。当时那扇门有点坏了，前面每个人推门进入后，都会直接放手，门就“哐”的一声关上。他注意到了这一点，进门的时候特意转身，轻轻地把门带上。再回头来准备向面试官问好时，就看到大家都在对他点头微笑。

——第二步：走姿稳重，有自己内在的世界。有的同学一进办公室就特别紧张，觉得自己整个人都在抖。越是这种情况，越是要双腿用力，让整个人挺起来，自然就稳重了。

面试前，可以多看看自己的简历，更多的注意力放在自己身上，多去想想自己身上适合这个职位的特质，思考如何证明自己真的具有这些特质，并且在工作中发挥作用。当注意力转移之后，你会发现，自己已经没那么紧张了。

——第三步：微笑问候以后，双手递送简历。这时候的问候方式可以比较简单，直接说“您好”或者“早上好”就可以了。递送简历的姿势前面已经讲过，只是要注意，简历正面朝上，字的方向要对着面试官，便于对方接过后直接阅读。

——第四步：入座。入座前看看椅子和桌子的距离，如果距离过近，可以先拉开椅子，调整到适当的距离再坐下。注意过程中不要发出太大声响。

——第五步：自我介绍并开始聊天式应答，此时注意放松。很多同学问我：“刘老师，您总说要放松，我就是太紧张，放松不了呀！”其实这是因为事先准备不够，如果大家事先能充分思考，并且跟自己的好朋友，或找到信任的老师，反复演练聊天时可能出现的各种情况，到真正面试时就不会紧张了。

曾经有一位同学手写了一份自我介绍，面试时带入场地，并在被要求介绍自己时拿出来念诵。结果，因为过于紧张，双手发抖，被拿着的稿纸也在颤抖。

其实，越是紧张的时候，越不应该拿纸。不然的话，本来只是双手小幅度的抖动，就被这张纸放大了，成为明显的抖动。另外，面试时不建议拿稿。即便是真的事先写了草稿，也不建议完全背稿，并且要尽量用比较正式的口语代替书面语。这样可以增加自己的亲和力。

——第六步：离座，并将座椅还原。这里一定要注意，除了座椅，刚才还有没有使用别的物品，比如纸张、笔、一次性水杯等，如果有，要将物品还原，如果水杯是自己喝过的，则应带走扔掉。

——第七步：致意行礼，并转身退出。这时仍要注意，开门关门时不要发出太大的响声。

2. 你会自我介绍吗?

通常的介绍是：我叫×××，是××大学××专业的学生。

有礼仪规范的介绍是：您好，我是××大学××专业的学生×××。因为学校的名气比较大，更能吸引别人的兴趣。

我们一直说，礼仪的核心就是要发自内心地在意别人。说话做事的时候为别人着想，不用语言伤害别人，也不要让自己的行为打扰别人。自我介绍的时候也是如此，我们设身处地地去想，究竟什么才是面试官最在意的事情?

其实每年的招聘时节，都是各用人单位hr最繁忙的时候，他们也希望能在最短的时间里招到最合适的人。所以，所谓自我介绍，就是在最短的时间里，告诉对方，为什么你是最适合这份工作的人。

——不要重复最基本的信息。很多刚走出大学校门的年轻人在面试时都会犯一个同样的错误：那就是花大量的时间重复自己的基本信息，如年龄、小学、初中、高中等，最夸张的是有一次竟然有个学生还介绍了一下自己的性别！这些在简历上早已注明的问题其实并不需要多加介绍，否则你编写简历就显得很多余。

在基本资料里，只有自己的姓名是非说不可的。如果自己的大学不错，或者自己的专业对口，也可以在自我介绍的阶段强调一遍。

——不要说对面试没有帮助的内容。有的学生会详细介绍自己在大学都学了些什么课程。这个行为本身很好，有助于用人单位更了解你。但是，需要考虑的是，这些课程是否都跟这个职位有进一步的联系？这些课程你都学好了吗？不是单指有没有好成绩，而是说万一面试官就其中的一门课进一步提问，你能给出满意答案吗?

所以，面试的礼仪，其根本还是在于能否从别人的角度出发，充分考虑别人的需求，而不仅仅是满足自己的需求？其实，这不仅是面试的秘诀，更是工作的秘诀。

只有培养好从别人的角度出发，时刻为别人着想，为别人解决困难、提供便利的能力，才能真正修炼成职场中的男神和女神。

当然，为了方便hr记住一个如此合适的人才，还能够容易联系到你，面试的结尾部分不妨再重复一遍自己的名字，并且将自己的联系方式写在简历最上方，然后保持手机畅通。

3. 你会创造握手的机会吗?

身体美学中，尤其喜欢罗丹对于手的雕塑，他雕刻的双手有肌肤的触感，总能触动人的灵魂深处。

原来当两个人的手交握在一起的时候，是可以传递很多东西的，而且握手这个礼节是在人际交往中唯一动用到触觉感官的一种礼仪形式，所以，握手真的是与人交往中一个非常重要的环节。在握手的一刹那，心手相连，手与手相握，心与心自然相连。

在面试中，如果面试者能够创造一个握手的机会，那么你和面试官之间就有了一次心灵交流的机会。

握手的礼仪规范是尊者先伸手，面试时，面试官是尊者，握不握手要依照他的意志，但我们仍然可以尝试，提出邀请，把你的真诚和热情传递出去。

——用征询的方式直接要求。你可以直接征求意见："今天与您交谈我觉得很开心，请问我可以和您握个手吗？"

——用身体语言暗示。你可以略略伸出手，用目光提示对方，若对方看到了但没有握手的意思，你只需将手收回即可。

有年轻人觉得，如果我伸了手，对方却不想握，那我岂不是很没面子？应该说，我们今后还会遇到很多机会，尝试却承担风险，不尝试就只能丧失机会。我们应该把心态放平，不要总想着自己的得失，向别人传递真诚本身就是一件令人愉悦的事。

4. 你会索取名片或其他联系方式吗?

面试是一种缘分，何不将这种缘分珍藏呢。即使你没有被面试录取，毕竟你们曾有一面之缘，佛家说这可是前世的一千次回眸才换来的。

——态度自信从容，有礼有节

索要电话是一件平常事，也是一件很纯粹的事情，索要电话是表达对对方一种认可和重视。要得得当，对方是非常高兴的。

有时我们怕失败也许是因为我们有功利心，要电话是想行不当之举。你若简单，这世界便不复杂。

面试是一种双向选择，你若优秀，优秀的单位如果没有面试上你，那是他们的损失。你若不优秀，优秀的单位不录取你，你又何必多费周折。

要到电话不过是再给自己开辟一条信息路径，便于展示自己，便于表达自己，便于对方了解自己。

——方式艺术柔和，饶有兴味

有些人要电话的方式很柔和，不妨共赏。

“今天遇见您真的如沐春风，为求春风常拂面，想留下您的电话可以吗?

“今天时间仓促，有些问题以后想要请教您，您看您是否方便留下您的电话，如果手机电话不方便，留下您办公室电话也行。”

三、如何在职场里人见人爱——记住“五个一”法则

有一天，佛印和苏轼论道。苏轼问佛印，你看我像什么?佛印回答:佛。佛印问，那你看我像什么?苏轼为了揶揄佛印，说:你像堆狗屎。回到家，苏轼得意扬扬地和自己的小妹说起了这件事，并以为他占了佛印的便宜。谁知，小妹劈头盖脸地就骂他蠢。苏轼问其为什么，小妹回答:佛印看人皆为佛，只因为他心中有佛。而你看人皆是狗屎，只是因为你心里只有狗屎。

看到美丽，说明你是美丽的。只看到丑恶，你需要反省一下你的心灵是否不够阳光。

诗经中说：“投我以木桃，报之以琼瑶。”当你心中带着佛去与他人相处，则世人也变成佛——你希望世界变成怎样，你首先要自己变成那样。相应的，你希望被怎样对待，就要首先那样去对待别人。

1. 一声问候

上班的第一件事情便是问候，以拉开一天的序幕。问候是传达对身边人的善意。一大早收获别人的问候，一定是一件开心的事。所以，我们应该从自己做起，帮助同事们开始愉快的一天。

同样，问候也是一种自律，要求我们清早就要进入状态，管理好自己的情绪，让自己始终处在饱满的精神状态中，应对一天的挑战。这是对自我、对这份职业的尊重。

坚持问候，你自然也会获得这份职业和来自团队其他人的尊重。

2. 一杯茶水

我刚上班那会儿，咖啡还没有现在这么普及，喝花茶也并不流行，大家平时最常喝的，就是绿茶。

我们那个时候还没有电开水壶，要喝开水需要到水房去打，特别麻烦。我当时是办公室最年轻的，所以每天早上就很自然地早起，然后去打水，回到办公室给每位同事把茶泡好。

很快，同事都跟我变得熟稔了，他们也开始对我释放出善意，表情变得亲切。我知道，我已经正式融入这个集体，成为团队中的一员。

茶是媒介，背后的善意的关心才是根本。年轻人总是抱怨别人对自己不好，但是如果你能改变态度，首先释放出自己的善意，去主动表达自己的关心，时间久了，必然会得到他人的回应。

3. 一脸阳光

我问过很多用人单位的领导，企业在招聘的时候，对于新人，注重什么呢？他们无一例外地回答我：注重新人的心理素质，尤其是需要新人要有阳光的心态。

既然是新人，必然对于工作、业务都不熟悉，上岗之后肯定不能马上独自承担工作。公司业务一般都比较繁忙，要带新人，必然要花费大量的时间和精力，而且必然有很长一段时间会让新人承担琐碎的基础工作，甚至是一些杂事。假如新人心态不阳光，怕苦怕累，怕琐碎，对于他人偶尔没时间、没耐心无法理解，甚至心有怨怼，可以想见，工作环境会变成什么样。

所以，在很多用人单位看来，新人的毕业学校、能力只是一方面，心态和性情才是最重要的。

4. 一句赞美

每个人都渴望被认可，一句发自内心的赞美可以帮助一个人开始愉快的一天。

不过，赞美一定要发自内心。有很多朋友其实不会赞美人，于是他们只好对每个人都说："你今天真漂亮。"

这句话可能头几次听会很高兴，可是如果每次都听到这句，或者对方发现你对每个人都这么说，又或者对方觉得自己没有变化，这句话就会显得特别敷衍，反而起到坏的效果。

赞美别人，最好从一个确实存在的细节开始。有些人，特别是一些男士，觉得我对时尚特别不敏感，身边人是多了一条项链还是换了一个发型，我怎么会知道？

其实不一定要赞美外貌或打扮，你可以赞赏对方的工作能力、最近取得的成就、家人的好消息等等。一个总能发现别人优点的人，一定是一个心胸开阔的人，一定是一个善于学习的人。

所以，学会赞美吧。每天赞美，每天训练，慢慢你会发现，这种练习让你拥有一种能力，那便是发现美的能力。

5. 一句道别

有个已经毕业的学生跟我分享过一个她的故事。她上班的地方，办公室很大，还专门隔出了一排带锁的小套间，给部门领导办公。有一次她和领导一起加班，结束的时候，她先去了洗手间，结果等她回来的时候，发现办公室的门已经锁了。她当时完全蒙了，因为既没有带钥匙也没有带电话。那天晚上，她只好先走回家，幸好住的地方并不远。

如果她平时养成了习惯，每天走之前向同事们道别，那领导自然就知道她还没有走，也不会随意锁门了。

无独有偶，有一次，我在网上看到一个故事。说有一家仓储公司，有一天，公司经理被员工误锁在了冷藏库里，叫天天不应，叫地地不灵。幸亏门房师傅下班后一间房一间房地找，总算在酿成大祸之前将经理找到了。后来有人问门房师傅，为什么他知道经理被锁在冷藏库里呢？门房师傅说："全公司，只有这位经理每天下班经过门房时，都会跟我说：'再会了，晚安！'可是那天一直没听到这句话，我想他一定还在某间房子里。”

下班时的一句道别，竟然可以救命呢！

如果你下班时发现还有同事在，请说一句：“我先走了，您别太辛苦！”这句话看似不经意，却能带来温暖。

四、职场，我该怎么穿

1. 穿出职业文化是职场着装的起点

各行各业有他们自己的文化，我们不可能千篇一律地西装革履，行业没有高低贵贱，只有服务与被服务，如果我们希望被服务的时候是舒服的，那么你在提供服务的时候也要让服务对象舒服。

舒服首先从第一印象开始，服装在第一印象中占据重要比例。当一个人的内心和身体是平衡的，我相信他的服装一定是让人很舒服的。同理，在职场中，当你找到这个职业的文化，同时将这种文化在你的服装中进行传达，这样的职场着装一定能让你的服务对象感觉舒服。

比如，公务人员的服务文化是公正、严谨，那么公务人员服装中必须有这样的元素；比如，艺术工作者的服务文化是个性创意，那么他们的服装中一定有创意的亮点；比如，商务人员的服务文化是诚信，那么商务人员的服装便不能如艺术工作者一样洒脱有个性。

穿出职业文化是对我们职业的尊重，也是职场礼仪最基本的原则。

2. 用色彩和风格传达职业文化

色彩有固定的文化属性，比如，黑白灰传递着理性和知性，在服装色彩中，是比较经典不会过时的颜色。所以，在职场中会用得比较多，比如，金融行业、公务机关单位、教育行业。

彩色一般会作为点缀色来用，当然，一些艺术行业、餐饮休闲等时尚行业会大面积使用彩色。彩色如何用得体现职业文化，需要我们选择：

我们需要怎样的文化属性，色彩可以帮你，只需要你准确地对号入座，让颜色更好地服务于我们的职业。

用于职场中的风格，我大约分了几类：严谨、知性、艺术、个性、自然。

◀ 知性：很多从事教育事业，或者强调思想和理性的媒体人会选择知性的穿着。剪裁合体的衬衫搭配带有英伦风情的格纹是其代表。

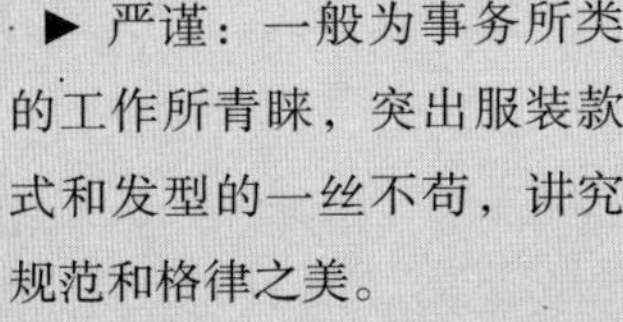

▶ 严谨：一般为事务所类的工作所青睐，突出服装款式和发型的一丝不苟，讲究规范和格律之美。

◀ 艺术：如果从事设计类的职业，或者是文化、艺术类从业者可以尝试艺术化的穿着，长裙或其他带有民族风格的服装和配饰都是好帮手。

▶ 个性：很多自由职业者、时尚行业或互联网等新兴行业从业者喜欢个性化的穿着，可以在发型和裤子、裙子上下功夫。

◀ 自然：自然风格的穿着适合很多职业，事实上，除了金融、法律等严肃的行业，几乎任何人都可以尝试自然风格。这种风格主要体现在面料舒适，颜色清淡，不特别却自有一番风情。

事实上，生活中大部分人的穿衣风格都没那么强烈，很多人会将各种风格揉在一起，比如当老师的也可以直接穿套裙，很多搞艺术的都喜欢穿棉麻长裙，乔布斯生前长年都穿黑色的棉质T恤，服装可以成为个人风格的标志，但千万不能成为限制。

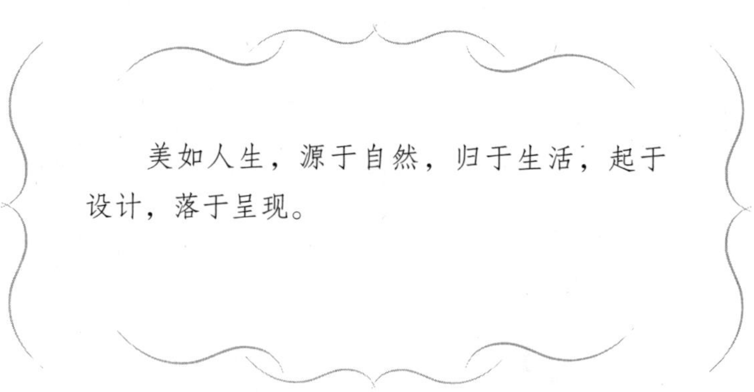

第5章

遇见最美的礼服

知识只有在变成生活经验的时候，才会让人谦虚。

一个只会使用别人话语的民族在世界上是没有分量的。

有一件无形的礼服，也是世界上最美的礼服——尊重。

《礼记》的开篇是“毋不敬”，所谓“礼”，只有一个核心——敬。敬的现代解释是尊重。更给予了尊重许多现代解读。在一个大的语境里，我们需要尊重自然、尊重环境、尊重文化，在一个小的语境里，我们需要尊重自己、尊重他人。

无形显于有形，如果尊重是一件无形的、全世界最美的礼服，那么中式礼服则是当下中国人最需要的礼服，中国人的文化和修养都包裹于此。

一、旗袍，美丽我们的身体和皮肤

最能让女人保持身材的服装非旗袍莫属了。旗袍贴身的剪裁，优美的腰线会限制人的食量。宋氏姐妹一生都钟爱旗袍，尤其宋美龄，一生都没有变换过服装款式。而她的身材也一直没变形，大约是旗袍这种既会约束又能展现身体美的服装才可以让美丽永远保持吧。

旗袍虽是礼服，但是这种古典的美特别适合古典风格的女性。现在有很多改良旗袍，如同连衣裙一般，可以作为日常穿着。当然，世界丰富多彩，如果不是特别喜欢，也不必每天都保持如此穿着。

对于中国人来说，旗袍的优点简直是任何礼服都没有办法取代的。因为所有的中国元素都可以在上面呈现。旗袍上面配上的盘扣、刺绣是独一无二的，别具风格。很多女性在各种正式场合穿上它，都能展现属于中国的独特的美。

穿旗袍也有很多注意事项！当然，所有的前提是你必须先尊重自己的身体和皮肤，所以，我们要选择透气舒适的面料和合适的尺寸。

1. 尤其注意旗袍的纽扣

穿着之前要检查所有纽扣，如有缝线松动的，一定要赶紧加固，保证在穿着时不会脱落。如果是立领的款式，即使出汗也不可以解开领扣。因为旗袍是“在严谨中流露出庄重的性感”，如果纽扣松开，就不够庄重了。因此，女士在穿旗袍时，不管天气如何，旗袍所有的纽扣都必须全部扣上。不然会给别人留下难以抹去的“轻浮”印象。

2. 慎穿长款旗袍

长及脚踝的高开衩旗袍，其风格和西式晚礼服具有异曲同工的效果。因此，只有在正式的晚宴或演出场合，或宾馆、酒店等要求穿特定中式工作装的场合，女士才能穿开衩开在大腿中部以上的高开衩长旗袍。出席一般的社交场合的旗袍开衩不要高于膝盖之上10厘米。

穿旗袍时，搭配的丝袜最好是连裤袜，这样就不用担心袜口从开衩处露出了。但要注意的是，旗袍的面料一定要选择不与丝袜起静电的。另外，穿旗袍时的内衣一定注意最好不留痕迹，因为旗袍太修身了，稍微出现一点内衣的不适就会在旗袍的外部显现出来。

3. 穿旗袍时的仪态

穿旗袍时要格外注意，因为旗袍的造型非常贴近女性自然的曲线，所以不雅的站姿、坐姿都会在众人面前完全展露出来。保持前面讲到的女性姿态原则“含蓄内敛”就好了。动作幅度尽量缩小，保持轻柔！我们的旗袍礼服的体验课程中会有专门的训练。

4. 注意整体协调

旗袍的领围、领高、肩宽、胸围、腰围、臀围都要合身，任何一处过于紧绷或过于宽松，都会使美感大打折扣，自己穿上也会感觉很不舒服。颜色的选择需要和肤色协调，鞋子的风格与旗袍一致，配饰不可以太多，材质以珍珠或玉器为佳，选择小手包或小型挽包。

二、男人的礼服——新式中山装

2014年的APEC会议我们看到中国礼仪服装的魅力，将中山装改良后用宋锦制作，显出中国男人的儒雅和高贵。其根为中、魂为礼、形为新，谓之“新中装”。

新式中山装可以把中国男人的味道穿出来：

中国男人首要的味道是儒雅，新式中山装的立领保留了长衫的主要风格，加之近代的许多才子都留下了穿着长衫的影像，所以，知性和儒雅的味道便呼之欲出。更显儒雅的地方是立领和盘扣，中庸的文化和严谨的风格，在盘扣全部扣上的时候更是别有一番意味。

中国男人还要有一个味道便是担当，新式中山装非常有雕塑造型之感。首先，立领是有领衬的，肩膀会有垫肩，这样更显得刚劲，在刚劲中便让人有安全感。这也就是为何男人穿军装总是让情窦初开的小女生一见倾心了。所以，无论是选择还是穿着，这种雕塑感很重要，别轻易放弃领衬和垫肩。

彩色代表着感性，无彩色代表着理性，每个人应该根据场合和自身的气质以及当下的需要而定。一般情况下，男士永远不会出错的礼仪颜色当然首选是黑色。

三、公共场所，请穿上显示修养的“礼服”

人要有修养，修养让我们变得高贵，而高贵则是精神上的美丽。高贵在何处？在你走出家门之时，在你身处人海之时。

文明的进步是群体共同素养的提升，是群体对自然的敬畏和对秩序的尊重。

1. 秩序是一种信仰

有人问我：当秩序的信仰与一个特定群体的行为发生冲突时，应该如何是好？

例如排队时，自己是有序的，群体中一些人是无序的。面对这样的情况，我在第一次出现有人插队时便会指出，不是仅仅为了维护自己的利益，也是为了多数正在排队人的利益。当然，语言方式一定要坚定而温和，并且可能的话，我会鞠躬致意，因为插队的人可能只是一时心急，我理应先致歉。此时千万不能用指责和抱怨的态度来说话，当众批评不是礼仪的艺术。

春夏秋冬，不曾颠倒；山在高处，水在低处；自然里的树木花草，一切一切，均有它们的位置，有它们的秩序，这样，生灵在其中便能共处。所以，人与自然的共处需要秩序，人与人的共处也需要秩序，违逆自然，打破秩序，最终必然会彼此伤害。

季节的变换、生命的进展……这一切似乎都为一种神秘的秩序之手支配着。这个秩序把人与人、人与自己、人与社会、人与自然这四大关系维持在了一个框架里。

虽然对于爱好自由的人来说，秩序是一个不太悦耳的词。但没有秩序的自由实际上是不可能存在的。没有秩序，自由、平等、公平、正义都会被淹没在人欲的乱流之中。我们若要梦想的美丽，秩序便是我们要寻求的自然智慧。

2. 有距离才有美

与人相处，保持适度的距离是我们必须把握的原则。与交往对象或人群保持适度的距离，可以让人获得空间上和心理上的双重自由。

我们通常会以礼仪距离来维护边界。例如，初次见面的人，我们应当保持怎样的空间距离让彼此都舒服呢？这时候，我们应该以个高的一个人为准，他的胳膊伸直产生的距离，就是最合适的距离。

到博物馆参观、到银行办理业务，都需要与陌生人保持这种礼仪距离。尤其是在银行这样比较敏感的环境里，与他人保持足够的距离，才能让彼此之间都获得心理上的安全感。

高山巍峨，河水流淌，草长莺飞，花容月貌，亭亭玉立，无论是自然的风景还是自然的精灵，美丽均是因为距离才得以看见。

3. 保持对人和环境尊重

保持对人和环境尊重有三个“勿为”，即勿制造视觉污染、声音污染和环境污染。

视觉污染，通常被人忽略。不雅的行为会污染了我们的眼睛，如同丑恶的风景为我们所厌恶一样。所以，努力让自己的形象如风景一样，愉悦别人的眼睛吧。毕竟活着，不是你一个人的事情。美是责任，也是信仰，更是使命！

在公共场所，无论是与人当面语言沟通，还是电话沟通，拟或你的行为举止所发出的声响，都不应该影响他人。否则，就造成了声音污染。所以，尽量压低声音是最好的修为。比如，入座时，最好动作和缓；用餐时，餐具最好不发出声响；咀嚼食物时，最好不发出声音，并尽量闭口，千万在咀嚼时不说话；开车时，不要频繁地按喇叭；电话沟通时，最好用手掩口……

环境污染首先指垃圾造成的污染。我们要养成良好的垃圾处理习惯，学习垃圾分类方法。除了垃圾，还有气味的污染，我们需要时常保持口气清新，也不要在公共场合食用或者饮用刺激性气味的食品和饮品。

四、检验我们的修养

在公共场合，尤其要注意我们的修养。公共场合有许多，暂且以电影院和电梯为例。

1. 电影院里的修养

电影院是我们假日休闲的好去处，而电影散场后的景象也是检验一个群体修养的试纸。若要把良好的教养留在电影院，我们就必须要控制自己的行为。

看电影吃零食很享受，只是吃零食的声音会打扰别人。所以，要么暂时放下零食不吃，要么吃不会发出声音的零食，比如糖果等。

看电影谁想迟到呢？如果晚到，要想达到中间的位置，就会影响到整排的观众。所以我们可以就近坐下，如果没有多余的位置，我们一定要弯腰行进，并低声致歉，将影响减到最低。

同理，如果看电影时手机铃声响起，一定会打扰到别人。所以，我们还是把手机先调成静音后再进场吧。

电影散场后，记得把自己带来的饮料瓶、爆米花盒子随身带走，不要留下一地的垃圾。

2. 电梯里的世界

曾经看到一个食品广告，内容是一个年轻小伙子在电梯里陶醉于美食。广告创意者忘了，在电梯这样一个狭窄的公共空间里，独自享受美食会制造声音污染、气味污染，还有视觉污染，真的很不美。

倒是有一家传媒公司在电梯门两边安装视频广告，别出心裁，不仅打发了电梯的无聊时光，而且缓解了电梯里陌生人之间被动的亲密距离造成的尴尬，更让我们站立时面朝电梯门，避免了彼此目光相对的尴尬。

电梯里的世界方寸不大，小小的世界却检验着我们的修养。电梯里可千万别抽烟，危害不必多言，味道也会影响大家。同样，电梯里需要保持安静，所以即使遇到认识的人，也不要大声寒暄。进出电梯时要有序有礼，先出后进，尽量不触碰到他人的身体，实在拥挤，不得不碰到时，应该及时道歉。

3. 看得见的教养与看不见的修养

当然，公共区域不仅于此，其他公共区域里，同样要记住保护环境和保持距离这两大原则。在类似于电影院和电梯这样的、会被目光注视的场合，我们的修养是看得见、听得到的。有一种教养看不见，却尤为珍贵。

有一次，在一家咖啡厅用洗手间，发现墙壁上有句话：“真正的美丽是你在独处时依然保持的优雅。”我觉得特别惊喜，这家店老板的人文素养可见一斑，他在用最实际的方式传播修养。

修养不是道德规范，也不是小学生行为准则，但它能体现一个人、乃至一个民族的文化素养。无论看得见与看不见，修养是一种体谅，体谅别人的不容易，体谅别人的处境和习惯，时刻提醒自己不要让别人觉得不舒服。

因为美丽不仅是留在别人的眼里，也需要留在自己心里，有你才有礼，有礼才有美丽！

在你我心灵的深处，同样有一个无线电台，只要它不停从人群中、从无限的时间中接受美好、希望、欢欣、勇气和力量的信息，你我就会永远年轻。

第 6 章

遇见世界上最爱你的人

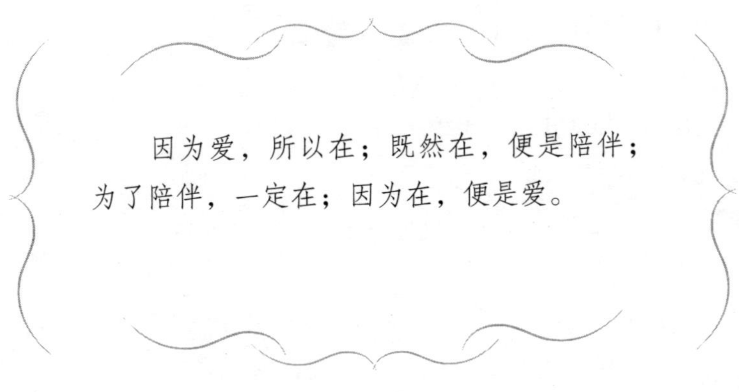

因为爱，所以在；既然在，便是陪伴；
为了陪伴，一定在；因为在，便是爱。

以前看过一个故事，有天早上，一家人到饭桌前准备开始吃早餐的时候，发现端上来的竟然是一大盆干草！

孩子惊讶地叫道："妈妈，你怎么能给我们吃干草呢？！"

主妇回答说："我过去每天换花样给你们做早饭，但你们从来都是一声不吭，我又怎么知道你们吃的不是干草呢？"

这个故事很夸张，但同样能触动我们的内心。我们上班会向同事打招呼，但是回到家却常常忘记说一句"我回来了"；我们在餐厅吃饭，服务员上好菜我们会说"谢谢"，但几乎从来不会称赞辛苦为我们下厨的家人。

都说距离产生美，爱有时候也分远近。有科学研究显示，我们对朋友往往比对自己好，对陌生人往往比对家人好。我们常常忽略最爱我们的人，因为我们知道，不论什么时候，当我们回头，他们总会在身后支持、陪伴我们，这就是家人。

家人就像空气，空气永远在我们身边，但是一旦它变得稀薄，我们会缺氧，甚至失去赖以生存的根本。不能失去空气，我们也要保护好家人。在这个世界上最庞大的被爱里，我们要努力学会爱、保护爱，让爱如空气一样，越来越纯净，越来越充盈。

一、每天，你都会用这样的方式表达爱吗？

1. 如何送出每天早上的第一份爱的礼物？

——用升调的语音

如果说爱是陪伴，那么在我们每天起床后碰见的第一个人，便是我们生命里最重要的爱的给予者。

感谢上天让你有人陪伴，感谢上天让你被爱，感谢生命中最爱你的人，他们的存在便是一种温暖。我们感谢他们的存在，家人是上天送给我们的最好的礼物，因为他们的存在，我们无时无刻不被温暖包围着。

但是，爱需要爱来回应，温暖也需要温暖来加温。用爱的方式来回报温暖，温暖才会持久，才会源源不断。

清晨是一天的开始，是一个人能量最充沛的时候，要趁着这时候给一整天提气。所以，用升调送出一句“早上好”，一家人心情都会提升起来。

从心理上说，升调的语音，只要不带着质疑的口气，就会给人一种积极的感觉。因此，与家人讲话，要轻言细语，还要常常用升调的语音。常常如此，一家人都会不自觉地开心起来。

——用身体的触碰

心理实验“恒河猴”证明了人除了基本的生理需求外，还有一种要接触柔软物质的需求，这会给人带来安慰，而被安慰的感觉是人与人之间产生爱的最重要的元素。

这个实验让我们看到爱也有物质属性，它是柔软的、温暖的。回想一下，小时候外面电闪雷鸣，或者单纯是做了噩梦，我们害怕时，常常会不自觉地抱着枕头或者被子，抱着各种温暖而柔软的东西，而不是抱着桌子椅子这种坚硬而冰冷的东西；我们开心的时候会和朋友、家人击掌拥抱，很少抱着奖杯开心一整晚。

所以我们说，开心时、失意时，我们都需要有人来分享，不是因为这个人可以帮助我们锦上添花或者雪中送炭，而是因为爱。爱不仅让我们的身体更健康，还可以给人安全感和支撑感，让人能够更安心自由地去探索外面的世界。

所以，在我们露出最舒展的微笑的时候，在我们从家人和朋友身上汲取温暖的时候，也用我们温暖的身体部分去碰触对方，击掌、拍肩、拥抱……都可以。最重要的是，让我们内心充满温暖与柔软的爱，随着我们的动作传达到他们身上。

当微笑、触碰、问候送出了今天的第一份爱的礼物，你会变成为一个爱的导体。当爱因我们而在亲人间互相传递、不断壮大，就会成为我们不断成长的力量。

2. 餐桌上的陪伴

——餐桌上的品味

当人类发明了餐桌，吃的礼仪便开始了；当吃不是为了解决温饱，人便开始了享受生活之美。所以，当我们坐到餐桌旁，我们应该明白，饮食不仅仅是为了满足口腹之欲，更要品味食物之美，和他人在一起吃饭，就是一起分享食物带给我们的快乐。

品味美，需要专注，所以，尽量保持安静。中国古代提倡“食不言，寝不语”，在咀嚼食物时尽量不说话。因为这是你与食物的单独对话，那就让食物也在你的口腔里专注地散发它的美，也不要让口腔中食物的残渣打扰到坐在对面的人。

专注于食物之美，也可以同时把这种美传达给身边的人。我们看到别人优雅的吃相，觉得那真是美的享受，常常会连带地觉得食物也特别好吃。

品味美，需要保持美的环境。所以，尽量让你的就餐区域保持干净整洁，有骨刺等食物废弃物需要丢弃时请用纸巾容纳，食物垃圾很多时可以预先准备好一个放垃圾的盘。

我有个闺蜜，平时很喜欢学折纸。每次吃饭，拿一张废旧报纸、广告宣传页，甚至一张餐巾纸，随手就能折出一个小盒子，用来装废弃物。因为心灵手巧，她走到哪里都从容不迫。

除了品味美，现代社会里餐桌上最重要一个功能便是陪伴。也不见得非要说些什么，只是给家人传达一个信息：“我在。”

—— 一起做餐前准备

餐前有很多准备工作，比如一起摆餐具，帮忙端菜。不要小看这些事情，一起做这些小工作是一种无声的赞美和肯定，种种餐前准备，都是对做饭的人的一种无声的感谢，也是一种精神参与。毕竟，不劳而获会让我们慢慢丧失一种对生活的热忱。

—— 一起进入吃的“仪式”

当所有事情准备就绪，我们需要等待宣布“开饭”。在外吃饭时，当然是等待饭局主人宣布；在家吃饭，则应该等待父母长辈就座，宣布开始，才能动筷；如果都没有，那自己也可以说一句“开始吃饭”。这既是对饭局主人和家中长辈的一种尊重，同时也是一个“仪式”。

即使是自己一个人吃饭的时候，也需要这个“仪式”。它会引导我们去享受美，因为有时候饥饿太过，狼吞虎咽的欲望会压倒一切，这个“仪式”会造成一个的停顿，客观上给我们一个缓冲的时间，从而成为一个引导，让灵性跟上物欲的步伐。

总之，大家不要小看吃的仪式，它是一件爱的衣服，无论华美或是朴素，都是属于有爱的一家人的。

——一起收拾餐桌

有一位诺贝尔奖得主，在被问及“什么对你得奖的帮助最大”时，回答说：“是幼儿园学的要把一切都放回原处的习惯。”

所以，用餐完毕，请一起把餐桌收拾成饭前的样子，如有需要，也应该主动洗碗。家务活繁而不重，分担家务不仅仅是对“厨师”的感谢与肯定，也能将热情升温，爱的能量在这个时候会更活跃。

事实上，一个人参与家务越多，就会越热爱这个家庭。餐桌上的陪伴，让世界上最爱我们的人能够感受温暖，让爱变得有温度可感知。爱如水，“流水不腐，户枢不蠹”；水如爱，生生不息才能源源不断！

3. 道一声“晚安”再入梦

你有与最爱你的人道晚安的习惯吗？这个世界上最爱你的人，担负着家庭的责任，工作了一天，也许真的很累了。看着他们疲倦的脸，也许你不知道要怎样才能恰到好处地表达关爱。

其实，有时候一句“晚安”就够了。所有人都是期待被关注、被重视的，你的晚安很轻，但是足以温暖一个夜晚。

要记得，这一声“晚安”的声音要轻柔，有催眠曲的感觉，如同你曾经听他们给你唱过的摇篮曲一样，同时伴随目光注视和浅浅的笑容。

在一声彼此的晚安里入梦，我们的睡梦会无比香甜。

二、特殊的日子里，你会表达爱吗?

每年里特殊的日子有很多，这些日子就好像生命的庆典，要认真度过。生命中有很多特殊的日子，所以就有了很多“庆典”。不过，“庆典”也不能太多，如果太多，便失去了特殊性，万事万物适度就好。

在生命的“庆典”里，爱与被爱都不能缺席!

1. 春节

对中国人来说，这是一个最特殊的节日，也是传统的中国人最理直气壮传递爱的日子，不容我们错过。在这个日子里，我们一定要学会用适当的方式送出我们的爱。

——新年礼物

过年的时候，给父母送新年礼物会让他们开心一整年。所以，如果你还没有送过，读到这些文字的时候，不妨开始思考：过年了，该送点什么给父母呢?

我在课堂上做过很多问卷，在这里统计了一些答案，也许可以给你一些灵感。

今年过年你会送什么礼物给父母?	以前你认为送过最好的一次礼物是什么?
小玩意	一个懂事的女儿
围巾、养生杯	一个红豆杉的杯子
红包	祝福
围巾、衣服	有一次妈妈看中一双鞋舍不得买，后来我存钱买给她了
真挚的祝福	亲手给爸妈织了一条围巾
护肤品、鞋子	按摩器
实用的物件	给爸爸送的皮带

今年过年你会送什么礼物给父母？	以前你认为送过最好的一次礼物是什么？
衣服、钱包	给他们精心挑选的衣服，合身又好看
买件衣服	回家
祝福	给妈妈买的护肤品
手套	我做的菜
两双筷子	给妈妈的鲜花
陪伴	做一桌年夜饭
茶叶	肩颈舒药膏
做菜	写着我真情话语的卡片
武汉的美食	陪伴
保养品	电影票
送妈妈面膜	亲手绣的抱枕
拥抱	送给妈妈的手镯
给爸爸送面霜	自己做的衣服

——更重要的是陪伴

都说最好的东西往往是免费的，但是免费的东西往往比花钱的更难。陪伴需要大量的时间和耐心。但是，如果把礼物排序，排在第一位的是礼物和陪伴一起送，排在第二的是陪伴，排在第三的才是礼物。春节的陪伴我们怎样做才能更好地表达爱呢？

	春节一般你会陪父母干什么？	记忆中陪伴父母时让他们最高兴的事情是什么？
1	看春晚	聊天
2	走亲戚	去游乐场
3	看电视	旅游
4	打牌	做家务
5	逛街	给他们按摩，给爸爸掏耳朵
6	做团年饭	陪他们散步
7	散步	吃团年饭，陪爸爸喝几杯
8	喝鸡汤	陪他们看电影

2. 他们的生日

父母的生日，如果父母的父母都健在，你可以在这一天也给他们的父母送出一份祝福，谢谢他们给你这么好的父母。祝福形式不限，我认为口头表达即可。

至于给父亲和母亲送什么生日礼物，当然是越用心越好！可以参考过年的礼物，倒是生日的祝福最重要、最温暖，看看我们的小伙伴说过什么话？

你对父亲说过最温暖的话	刘俊感悟
我最崇拜的男人是爸爸。	中国爸爸似乎都很不注意自己的身体，抽烟、喝酒、熬夜、饿肚子…… 代表天下儿女，向中国爸爸们说一句：请爱惜自己的身体！ 此身难得！爸爸是儿女的靠山，靠山不健康，儿女会没有安全感！靠山不自爱，儿女也会忽略自己的
老爸，生日快乐！	
爸爸，你好帅呀！	
老爸，注意身体，以后还要带你们旅游，吃遍世界的。	
爸爸，我爱你！	
不要太累，以后我养你。	

你对父亲说过最温暖的话	刘俊感悟
以后给你换一辆超帅的车，你自己要爱惜自己的身体。	身体！ 爱儿女，中国爸爸们首先从爱自己的身体开始，这是爱的起点！
爸爸不要吸烟了，肺会黑的。	
放心，我不会让你失望的。	
我想您了。	
爸爸，早点休息，开车小心。	
注意保暖。	
多喝些水，记得按时吃饭。	
女儿大了，以后有压力，不开心，都可以让我一起分担。	
早点睡哟。	
有您真好。	
您痛风，不能吃豆腐，多吃黑木耳。	
爸爸不要再打牌了。	
爸爸，可不可以不要变老。	
老刘，咱们去散步。	
爸爸，以后我嫁出去了，您会舍得吗?	
无论什么时候，在外面做事，安全第一，别饿着自己。	

<table>
<tr><th>你对母亲说过最温暖的话</th><th>刘俊感悟</th></tr>
<tr><td>我爱你，妈妈。</td><td rowspan="20">妈妈是女儿美丽的导师，
你美了，世界就美了！
妈妈是儿子担当的导师，
你的柔美，让儿子学会保护美，扶持柔！
柔美，是妈妈永远的必修课！</td></tr>
<tr><td>我有一个好妈妈。</td></tr>
<tr><td>世上只有妈妈好。</td></tr>
<tr><td>老妈，没有你我怎么办呀，你把姑娘养的多好！</td></tr>
<tr><td>妈妈，我不想让你变老。</td></tr>
<tr><td>妈妈，您放下，我来做吧！</td></tr>
<tr><td>妈妈，您皮肤身材真好，都不挑衣服。</td></tr>
<tr><td>等您老了，依靠我吧！</td></tr>
<tr><td>好好照顾自己。</td></tr>
<tr><td>多买点衣服，舍得给自己花钱。</td></tr>
<tr><td>注意休息，不要太累。</td></tr>
<tr><td>妈妈，我要陪你到老。</td></tr>
<tr><td>妈咪，一切有我，我爱你！</td></tr>
<tr><td>谢谢你把我带到人间。</td></tr>
<tr><td>妈，我来给你揉揉头。</td></tr>
<tr><td>妈妈，你最好了。</td></tr>
<tr><td>妈妈，我想吃你做的菜了。</td></tr>
<tr><td>我妈最美了。</td></tr>
<tr><td>妈妈，咱们一家人在一起真幸福。</td></tr>
</table>

3. 这些节日里，你会送出怎样的祝福？

节日	文化渊源	注意事项
元宵节	在2000多年前的西汉就已经开始庆祝元宵节，当时是为了庆祝“诸吕之乱”的平息。由于正月十五是新年的第一个月圆之夜，也是一元复始、大地回春的夜晚，人们对此加以庆祝，也是庆祝新春的延续。	这一天我们通常要吃汤圆的，团团圆圆。
清明节	又称鬼节，已有2000多年的历史。时间一般在公历4月5日前后。但其节期很长，有10日前8日后，10日前10日后两种说法，所以，近20天内均属清明节。	1. 主要活动是祭祖扫墓。 2. 这一天虽然是法定休假日，可千万别给人发祝福短信。
端午节	农历五月初五是端午节。“端”字有“初始”的意思，五月也正是午月，“端五”也变成“端午”了。又因午时为阳辰，所以端午节也叫端阳节。 以前，端午节是为了辟邪驱瘟，后来增加了纪念先贤屈原的主题。	1. 俗话说：清明插柳，端午插艾。端午节有挂艾蒿避邪习俗。 2. 这一天会吃粽子、喝黄酒且互送礼物，因为古人以为端午日不祥，需要相互关心。
中秋节	农历八月十五是中秋节。起源于人们对月亮的崇拜。	中秋赏月，吃月饼。月饼也是“团圆饼”，中秋吃月饼庆祝团圆。

三、出现冲突，你会化解吗？

记忆中，我也经常与父母发生冲突，以前不知道如何处理，后来研究服务人员如何艺术地处理客户投诉，把这些方式方法用在父母身上，竟然也产生了良好的效果。看来，艺术之美放之四海而皆准。

1. 最爱我的人生气了，怎么办？

有时候，不等我反应过来，冲突已发生，这个世界上最爱我的人已经生气了。这时，我有三种方法，用一种就可以化解生气的紧张气氛，若是三种都用，有可能还会反过来给情感加分。

—— 一杯温水

当我开始学会用一杯水来平息怒火的时候，我觉得世界是如此清澈。家人生气了，去倒一杯温水，身体略弯，双眼认真地注视着水杯，把这杯水双手递到对方手里。那一刹那，你会发现对方脸色和缓，甚至能够感受到他的心里开始微笑了。

这杯水可以是温水、也可以是冷开水、咖啡,或者是一杯茶……全凭你最爱的这个人的口味。但是，不要用热气腾腾的开水，因为它不能马上喝，还不能让他（她）的怒气迅速转移。温度适宜，口感适合，时间适当，这样的一杯水送出去，你就是那个让人生不起气的人！

—— 一句暖语

“暖”字的盛行，实在是因为对物质追逐的专注与执著让我们忘记了温情的存在，忘记制造温情，也忘记享受温情，更忘记对温情的回味与感恩。

当条件局限，你实在找不到一杯水，或者你的一杯水还不能让最爱你的人平息怒气，那么，你就该用到暖语了。

通常情况下，我会随机应变，因人而异。如果是母亲生气了，我会说：“别生气了，你在我眼里永远都是很美的，虽然生气的时候会让人不好看。”当我用这样的话题转移她的注意力时，她真的会下意识地去照镜子。如果是父亲生气了，我会说“你生气，我比你还难受，为了让我不这么难受，你可不可以不生气了”。果然有效！看来，父母都是会心疼子女的，对我的关注会让他们转移情绪。

当然，再温暖的语言也是治标不治本，最重要的还是尽量不要惹他们生气。

——身体触碰的正能量

当一杯温水、一句暖语也不能安抚怒气时，我们还可以用第三种方法——身体的触碰，可以是一个拥抱，紧握他的手，抚摸他的后背等等。

触摸的能量我最先是在儿子身上发现的。不知从什么时候起，我送他上学时，他在和我分手的那一刻，都会握一下手我的手，我发现这种握手的习惯居然成为一种我们都很需要的仪式。这种感觉很奇妙，是一种伟大能量的互相传达。

所以，当最爱我们的人还没有平息生气时，我们尝试用触觉去制造正能量，化解生气的负能量。用温暖和柔软的身体来制造安慰，让对方感觉到爱。

2. 用“三明治”表达不同意见

我觉得人际沟通中“三明治”概念极好！不论是批评，还是被批评的时候，这种方式都有它的妙处。

在演讲大赛上给每位选手做点评的时候，我会说：这位选手，你的形象与演讲的内容非常好，只是在某些方面还要提高，比如：语音、语调，还有逻辑等。然后，我会继续鼓励：你的整体形象和内容很棒，相信如果把刚才的一些方面再加强一些，就会更棒。

以前很多学生觉得，老师们每次点评都是这一套，真虚伪！这不是虚伪，这是一种理性的诚实。因为，我们不是为了满足自己批评人的欲望，我们最终的目的是让沟通对象接受建议，快速成长。逆耳的忠言也许也能让人成长，但是，如果有智慧的委婉能给人更多信心和温暖，我们又何乐而不为呢？

3. 用距离保护边界

当我们和爱人在一起的时候，我们会下意识地与对方拉近距离，直到彼此之间亲密无间。然而，每个人都需要自己的空间，父子、母女、夫妻、兄弟姐妹之间，都需要有一个边界。不是不信任，也不是要排斥对方，而是每个人都需要一个空间，让自己的心得以喘息，可以有机会审视自己，开始自己的思考。

然而，边界感是中国人最缺乏的东西。我们总是下意识地问东问西，对任何事情都想要发表看法和建议，却忘了，这本是别人自己的事情，他们需要从自己的角度去看待，用自己的大脑来思考，也要用自己的双脚去前行。

关心是应该的，但是要适度，也要适时。

——用委婉的语气保护边界

爱是美好的，但是爱有边界，跨越过后便是怨恨。踩到边界便是红灯，踩到边界上还不下来，那便是伤害。

也许，这个世界上最爱我们的人，会以爱的名义，检查我们的手机通讯记录，会以爱的名义探听我们的个人隐私，会以爱的名义检查我们的房间，也会不敲门，未经允许便直接推门进入我们的私人空间……他们可能是出于好意，总觉得我们涉世未深、天性单纯，怕我们走了弯路。然而这世上的路，总是需要自己走的。

所以，请你好好守护边界，这不是拒绝爱，更不是对爱的叛逆，这是对爱的守护。试着用委婉的语气，对最爱你的人说：“我说句话你千万别生气，我希望你以后可不可以不要跨越边界？”

——用自律的方式主动“垂范”

当然，我们也不能以爱之名，对世界上最爱我们的人做跨越边界的事情，不要随便翻阅对方的私人物品，不要随意进出对方的私人空间，假如对方要出门，问清是否回来一起吃饭即可……“己所不欲，勿施于人”，控制自己打探的欲望，其实也是在修炼自己的独立心态，用自律的方式率先垂范，自然能渐渐影响身边的人。

边界的保护，我们的责任更大一点，因为当你看到这些文字的时候，你已具备担当的条件，你可以尝试着主动和最爱你的人谈心，求同存异，在家里慢慢地形成各自的边界，彼此守护爱与被爱。

任何一种关系，如果想要长久维系，都需要彼此的“经意”和“不经意”。经意时善待，才会有不经意的愉悦。

第7章

遇见最美的语言

所有的遇见里都藏着宝藏吗？我们期待每个遇见都很美好，那就要为它们铺平道路，就要创造良好的环境。给遇见最好的布景，就是我们美丽的语言。

语言也是我们生活的环境，和自然环境、居住环境一样，深入我们生活的方方面面，不论是口语还是书面语，都深刻影响着我们的生活。

一、你会这些常用礼仪文书吗？

与电话和语音留言相比，我更倾向与人进行文字交流。相比口头，书面的表达方式可以给说话人留下充足的时间思考、组织语言，从而最恰当地表达自己的意思。同样，对于听话者，书面的表达方式可以留存更久，可以给我们更多想象的空间。然而，随着时代的发展，越来越多的人遗忘了这些礼仪文书的写法。

1. 好朋友要结婚了，该送个红包，红包怎么写才符合礼仪才更有美感？如图所示：

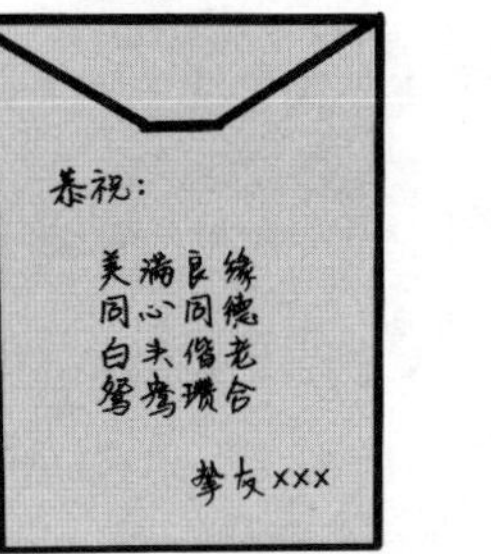

横排和竖排的排版方式都没有问题，但如果选定了一种方式，那么从抬头到落款都要用这种方式，不可以中途变化。

2. 老板待我不薄，我该怎样写封辞职信才不伤害老板且得体又礼仪？

辞职信

尊敬的公司领导：

首先感谢公司近段时间来对我的信任和关照，给予了我一个发展的平台，使我有了长足的进步。如今由于个人原因，无法继续为公司服务，现我正式向公司提出辞职申请，将于2011年XX月XX日离职，请公司做好相应安排，在此期间我一定站好最后一班岗，做好交接工作。对此为公司带来的不便，我深感歉意。

望公司批准！谢谢！

祝公司业绩蒸蒸日上，大展宏图！

此致

敬礼！

辞职申请员工：xxx

2015年 X月 X日

3. 想提交一份工作变动的申请，我该怎么行文？

申请信

尊敬的公司领导：

首先感谢公司近段时间来对我的信任和关照，给予了我一个发展的平台，使我有了长足的进步。如今由于个人原因，需要变动职位，现我正式向公司提出变动职位的申请，请公司做好相应安排，在此期间我一定做好交接工作。对此为公司带来的不便，我深感歉意。

望公司批准！谢谢！

祝公司业绩蒸蒸日上，大展宏图！

此致

敬礼！

恳请批准

员工：xxx

2015年 X月 X日

4. 想起草一份关于设备更换的报告，我该怎么写？

报告

尊敬的公司领导：

我是**部兼管**工作的***，**原先所配的电脑配置太低，经常死机，已不利于***这种高效率的工作。因此需更换一台配制高些的电脑，为了提高工作效率，特别向***领导申请为***工作更换一台电脑，以利于今后能更好的开展工作，希望***领导给予批准。

特此报告，呈请批示！

员工：xxx
2015年 X月 X日

二、你会美丽的表达吗？

口者，心之门户，智慧皆从之出。能让人心生愉悦的是我们的口，常常闯祸伤人的也是我们的口，究竟怎样才能多给人温暖，而不去伤害别人呢？

1. 初见的温情——打招呼

——称呼式招呼

我们在工作或者是社交场合中，可以用对方的职务、职称、职业或者是对方与你的关系称呼对方。

在工作中，我们一般称呼交往对象的职务或职称，路遇领导、同事或刚刚认识的带有工作关系的朋友，我们一般会用称呼来加强这种工作关系的定位。

在一些特殊的社交场合，对于陌生的社交对象，我们可以用行业泛尊称来称呼，比如到医院办事，我们称呼医者为医生。对于和我们有某种关系的人，比如有亲属关系，我们用关系称呼来称呼对方，如：姨妈、叔叔、阿姨。在一般社交场合，则可以随意一些。如果交往比较多，可以询问对方贵姓后，考虑对方年龄、性别加以称呼，制造小小的亲昵感，只是千万不要把人喊老了。

——问候式招呼

“您好”是最典型的问候式称呼，这种打招呼比较应急，在你猝不及防或者忘记别人的名字时，用这种方式比较好。

——赞美式招呼

时间比较充裕的情况下，不妨延长寒暄的时间，找到对方身上的闪光点，真诚地加以赞美，往往会让对方心情更好。如：您今天气色真好！这种方式表达出对人的重视和关心，会让人印象深刻。

——提问式招呼

这种方式多用于搭讪，有问题必然有回答，一般人碰到问题都会想回答，所以，陌生人会用得比较多，当然你最好选择比较好回答的问题。这样才会搭讪成功。

2. 怎样说话体现教养?

在语言表达的评价体系里，我有四个指标来衡量一个人是否有教养。

——安静的声音

教养是一种智慧，智慧从来是理性的。感性只是让我们出发，而理性让我们走得更久。

理性的声音从来是平和淡定的，不带有过激的情绪。曾经有一次跟团旅行，团中有一位女士，保养得宜，打扮得体，表情温和，偶尔听她跟人说话也是轻言细语的。有一天，大家正在一家餐厅午餐并休息，她突然接到电话，内容大概是公司生意出了什么问题。

本来她都休假旅行了，还有电话打来，那必然是急事。而她骤然听到消息，又远在外地，不能马上回去处理，想必也是会有些着急的。结果，人家硬是用下午茶的口气，轻轻巧巧地把问题解决了。一个半小时的电话，她从头到尾没说一句重话，没有一个字大声。

安静的声音，背后是遇事不慌的沉稳和冷静。而支撑这份沉稳冷静的，则是见识阅历和自我修养以及在岁月中摸爬滚打训练出来的应变能力。

——文明用语常挂嘴边

“您好”“请”“谢谢”“对不起”……这些用语看似平常，却能促进人际关系的互动。日常生活中，说话时常用文明用语，即使天热，对方也会少一分火气，多一份谅解。

同样的，平时不说粗话，不用鼻音来表达意见，也是我们应有的基本素质。

——培养边界意识

适度的距离让人际交往更顺畅，隐私则完全属于各人的私密空间。这一点很多青少年朋友都深有体会，逢年过节回到家，总会面对一大帮亲朋好友关于房子、车子、工作、收入、婚恋、孩子、成绩、排名、升学等问题的询问，紧接着就是一阵比较，谁家收入多一些，谁家孩子学习好一点，搞得大家压力都很大。

所以，这一点是我们尤其要注意培养的，至少我们自己要做到，谈话时不要涉及个人问题。因为说到底，这是别人的人生，并不需要我们来评论。

而对于他人的私事保持沉默，也是中国“慎独”文化的本质要求。

——发自内心地感到歉意，并表达出来

对于在我们的语言交流中可能会出现冲突、冒犯等情况，会由衷地感到歉意，是一个人修养的最真实体现。因为即使我们再小心，也一定会出现不同程度的冲突，而在很多人看来，所有的错误都是别人的，自己是不可能出错的。所以，每当有冲突的时候，很多人都是一个劲儿地指责别人，而不会去检讨自己有没有错。

所以说，如果一个人会发自内心地感到歉意，并不羞于道歉，那么他就具有了一定的涵养。

既然如此，无论你有意无意，如果觉得给别人带来不便，一定记得要表示歉意。

3. 赞赏他人

涵者，包含也。我以为一个具备涵养的人，一定有一双发现美的眼睛，有对人发自内心的欣赏，也总能找到别人身上的优点。

因为一旦一个人懂得欣赏他人，他必然不是一个只关注自己的人，也必然能够坦诚自己的不足，接受别人“有优点”这个事实。对于越是优秀的人来说，赞赏他人越是一种容人的雅量。

——有声的赞赏

有声的赞赏是针对具体感官捕捉到的元素来称赞他人，通常是在说话过程中出现。

——无声的赞赏

还有一种赞赏是无声的，而是用眼神、肢体语言，或是别的媒介来表达。相比语言上的称赞，这种眼神、肢体的交流会显得更自然，也更让人印象深刻。

4. 在意他人

情商高低是检验一个人的成熟度最好的指标。情商高的人为人处世让自己舒服，也让别人舒服。而要拥有高情商，秘诀的核心只有四个字：关注他人！

——情商高的人知道软语比直言更动听

语言是需要包装的，就如同人要穿衣服一样，急不择言的病源，并不在于没有想的工夫，而在于有工夫的时候没有想。

如果你真的在意他人，你会担心自己的语言伤害到别人，自然会常常思考如何才能委婉地表达相同的意思。

——情商高的人不会唱独角戏

生活中，不乏高谈阔论的人。他们永远谈论自己感兴趣和擅长的东西，希望从谈话中收获别人崇拜的目光。有些教人说话的书为了达到这个目的，甚至专门搜集各种冷僻的知识作为谈资。

有的人对于冷知识的喜爱纯粹出于好奇心，这种谈论是不由自主、发自内心的，出发点是“我有一个有趣的知识，想要与你分享”。然而，即便如此，并非所有人都对这些领域抱有好奇。所以，情商高的人不会只聊自己感兴趣的事情，他们聊别人感兴趣的事情；少谈自己的生活和想法，而是从对方感兴趣的话题入手，谈别人所了解的。

情商，来源于一个人对生活的感悟。对生命中美的发现和感悟，需要一种情怀，有的人走到哪里，哪里就会充满趣味，这便是情商在发生作用。

5. 倾听的力量

美国一位外交官曾评价周恩来：“凡是会见过他的人几乎都不会忘记他。他身上焕发出一种吸引人的力量，长得英俊固然是一部分原因，但是，使人获得第一印象的是他的眼睛……你会感到他全神贯注于你，他会记住你和你说的话。

这是一种使人一见之下顿感亲切的罕有天赋。”

所以，倾听是说话中最为重要的一环。倾听有三层境界：

第一层：同感地听。对于说话者所经历的一切，我们感同身受，并且与对方保持一致的情感。这就要求我们真正在意对方，愿意设身处地把自己代入到对方的处境中去。

第二层：理性地听。比感性更进一步的，就是理性的力量。我们要带着尝试理解的态度，帮助说话者理出头绪。以对事不对人的态度理出来龙去脉。因为，一个人无论平时多么清醒聪慧，都有被“浮云遮望眼”的时候。这时，一个理性的“旁观者”就显得格外重要。

第三层：天使地听。在理解的基础上，我们还可以再进一步，在心中帮助对方找出解决的办法。但是最聪明的做法不是直接告诉对方，而是引导对方自己得出结论。这样，你既帮了别人，也不会伤了对方的自尊，就像是天使一样啊！

有一次，一位刚刚经过三次求职面试失败的学生，风尘仆仆地找到我，告诉我他明天又要进行一轮面试，心里忐忑，非要与我谈谈。我听他诉说着面试中的种种心酸，也真是感到难受。但是在他诉说的时候，我发现一个问题：他对整个面试过程缺乏掌控力，只关注了自己的表现，丝毫没有在意过面试官的表情或回应。于是，我问了他几个面试官的反馈，他也由此开始认真思考这个问题。结果，他很快就想出了解决问题的方法，决定去打听一下面试官的性格。吃完饭，他已经焕然一新，意气风发地准备明天的面试去了。

倾听别人，用第三种方式更完美。但是，万事万物不可一蹴而就，作为朋友，一定是先有情感的共鸣才有同理的分析，最后才会出现解决的方法。

6. 如何说出“不”

——拒绝是一种权利

互助是人类的一种天性。然而，拒绝别人绝不是一件坏事，说“不”也不是要与人决裂。虽然说“不”难免会让对方当时生气，但与其答应了对方却做不到，还不如一开始就表明自己无力相帮。

但是，我们也不要养成一有人求助就拒绝的习惯，而是要认真耐心地倾听对方的需求，并客观衡量自己的能力。确定我们确实无能为力，再行拒绝的话，更符合我们的原则，也更容易得到对方的谅解。

如果真的要拒绝对方，表情一定要和颜悦色，感谢对方在遇到困难的时刻会想到你，并表示歉意。

比如，我们可以说“对不起，让您失望了”“很抱歉，我实在无能为力”……

与此同时，我们最好说出拒绝的理由，这个理由应该是真诚的。很多人以为，假如自己只是太累了，所以无法帮助对方，这样的理由听起来太差强人意。然而事实上，每个人都有疲惫不堪的时候，理由越是真诚，反而越能获得别人的谅解。相反，如果为了找理由而说谎，就要更多的谎言去圆，到了拆穿的那一天，就会遭遇人际危机。

当然，有能够体谅人的朋友，自然也有不体谅人的朋友。面对后者，即便对方真的不高兴，我们也不必觉得遗憾。

另外，如果有可能，我们应该帮助寻找替代的办法，为对方提供其他途径的帮助。

最后，要记住，一旦拒绝，就不要改变。我们的态度是温和而坚定的，不要优柔寡断。能够帮助别人时就尽力，假如实在不行，就坚定自己的立场，否则最终完不成别人的嘱托，还是会损害彼此间的关系。

——艺术地说不

第一招：巧用同理

善于运用同理心，会更快得到别人的理解。曾有好事者曾向我打听好友的隐私，我问她：“如果我告诉你了，你会告诉别人吗？”

她说：“当然不了，绝对不对别人说。”

我回答：“我也是对那个朋友这么承诺的。”

第二招：巧用幽默

幽默是一种大智慧，比如钱钟书就曾说：“假如你吃了个鸡蛋觉得不错，又何必认识那个下蛋的母鸡呢？”从而幽默委婉地拒绝了英国记者的拜访。

正如林语堂先生所言：“没有幽默滋润的国民，其文化必日趋虚伪，生活必日趋欺诈，思想必日趋迂腐，文学必日趋干枯，而人的心灵必日趋顽固。”

第三招：巧用沉默

有效地使用沉默，可以不言而喻地把“不”的意思传达给对方。一个人在对方本有机会开口却一言不发，将会思考用沉默代表的含义。

三、手机，需要节制

手机是语言沟通的工具，但不知从何时起，手机成为了我们的一部分，像身体的一个部件一样。

在体会过它给我们带来的自由后，我们再也离不开他了。注意：对一件物品依赖到这种地步有可能让我们忘掉最基本的礼仪。

1. 何时需要放下手机?

在医院、医生诊室里，在飞机上，我们都需要关掉手机，不然容易引起重要仪器的混乱。

在餐饮场所、电影院或剧场，在开会上课或谈话期间，在宗教仪式期间以及和爱侣、家人或朋友晚餐的时候，我们需要关机或静音。

2. 如何管理手机?

手机的铃声也是你形象的一部分，尽量与你的风格气质保持一致。很多人按照自己的喜好给手机设置了流行歌曲作为铃声，有的铃声很俗气。在商务洽谈，或者与领导谈话的时候，手机若是响起，会影响自己的形象。

同样的，手机套和手机屏保也要注意保持你的风格和品味。

3. 如何发短信?

——合乎时宜。发短信要注意时间场合，工作时间不发闲聊的短信。休息时间尽量不发工作短信。

——加上称呼和落款。每年逢年过节的时候，我们总会发出很多祝福短信，可以想见，对方也一定收到了很多这样的短信，多到恐怕都搞不清短信是来自谁的。所以，祝福短信多如繁花，锦上添花记得留名。

——短信贵在短，文字尽量精练。短信也是检验一个人概括能力和文学素养的标尺，所以，努力提高自己的语言水平吧!

——短信不可频发。发出一条短信，对方若没有回复，最多追发一条短信询问。

当网络和手机把我们放在了现场直播的状态，我们需要停下来重拾一份庄严，来面对知识、面对思想、面对沟通。

第 8 章

原点：遇见更好的自己

我们走遍千山，问遍世界，最后仍要回归到我们自身。我们不断提升自己，从自己身上汲取力量，然后发现：这是一个优雅的圆，然而终点却不仅仅是起点。

一、找到平衡，做回自己

我们在父母面前是子女，在子女面前又是父母；在上司面前是下属，在学生面前是老师；在男友面前是小女人，在工作之中是“女汉子”……在我们在不同的场景里扮演着各种角色，随时面临着迷失自我的危险，我们不得不用各种方式找到自己。

荣格有言：你生命的前半辈子或许属于别人，活在别人的认为里。那把后半辈子还给自己，去追随你内在的声音。

1. 投奔自然，找到自己

亲历自然，在脚步的丈量里，在汗水的挥洒里，你会慢慢感染到大自然的胸襟和智慧。

那一年，事业遭遇瓶颈，心情非常不稳定，感觉外界事事与我作对，人人与我不友。后来无意中来到磨山，从此开启了我的自然之旅。

不记得在哪里看到过一句话：学习自然的悠闲，才能与造物者同游。万物一体，体会生活中的永恒。因为磨山，我开始了与自然的对话，从此也爱上了自然。爱自然的色彩，爱自然的声音。在大自然里，你可以尽情地放空自己，不用思考在山川湖泊面前，自己要扮演什么样的角色。在欣赏自然的时候，我们可以把所有精力都放在观察一只鸟的飞行轨迹，等待一朵花绽放最后一片花瓣，或者描摹一棵树的树叶间最细微的光影变化。

我们不需要赶交稿时间，也不需要承担人际压力。在大自然里，我们可以完全回到儿时最好奇的那个自己，对一切微不足道而又妙趣横生的事物兴致勃勃。

这是大自然送给我们的空间，也是生活中非常难得的自然时刻。难怪有人会感慨：旅行，不是为了走出去，而是为了把自己找回来。我们，原本就属于自然！

2. 用冥想找到自己

不出门旅行的时候，我们可以用运动释放压力。瑜伽是非常不错的选择。不论男女，都可以在瑜伽的拉伸中放松肌肉，进而放松精神。除了肌肉的拉伸，瑜伽还有一个非常重要的部分，那就是冥想。

有趣的是，瑜伽冥想的时候，背景音乐常常会出现大自然的声音。

所以，在冥想中倾听自己，也是要让自己去吸取大自然中的养分，从而放空内心，放下压力，找回自己。

《福布斯》2013年评出的最有影响力名人、美国著名主持人、同时也身为哈普娱乐集团的总裁奥普拉·温弗瑞就是冥想的大力拥护者。在谈到自己如何控制情绪时表示，她每天都静坐两次，每次20分钟。同时她还将冥想教师请到自己的公司教授员工冥想。

去年，她在一次静坐冥想后表示："我觉得静坐完之后整个人变得更完整。我充满了希望、满足和深深的欢乐，因为我知道就算生活疯狂攻击我们，让我们手忙脚乱，我们也依然可以保有不变的平静。"

3. 学会奉献，献出自己

二十年前，我绝对不会想到今天的我会来解读"全心全意为人民服务"。可能你会很奇怪，一本谈礼仪的书，为什么会讲到奉献，讲到服务上去？

其实，它们的内核是一体的。礼仪的本质，就是要尊重自己、尊重他人。我们时时看到别人的需求，提供恰到好处的帮助，而这种帮助，其实就是"为人民服务"。

大自然春生夏长，秋收冬藏，无私地向世间的一切奉献自己，提供了万物生长和生活的空间和环境。这几年，我们经常看到有人放下自己拥有的一切，到自然中去隐居。

隐居的生活，其实就是为自己服务的生活。在服务的劳动中，我们终将找到自己。

或许那个时候，他们应该再回到尘世中？

4. 在趣味中找到自己

“人生永远没有太晚的开始”，摩西奶奶76岁时开始绘画，在艺术里找到自己，80岁时在纽约举办个展，引起轰动。“做你喜欢做的事，上帝会高兴地帮你打开成功之门，哪怕你现在已经80岁。”也因为她的这句话，帮助渡边淳一在文学的趣味里找到自己。

原本以为我们是渐渐变老的，没想到，变老是一瞬间的事情。当我们无法在生活中找到快乐，无法在工作中找到激情，我们就会发现自己已经老了。

5.在孤独中找到自己

每个人都一样，都有一段独行的日子，或长或短，历史上有些思想家还会特意去过一段独处或者隐居的时光，他们大多数都是为了思考一些问题。独处，实在是一种内观和自我诊疗的好方法。

阅读《瓦尔登湖》，我们可以感受到梭罗的极简主义美学，对于他来说，独处已经成为一种生活方式，成为他摆脱外界纷扰，专注地真诚地认识自己、表达自己的法宝。

不必那么介意孤独，或许它比任何一种别的方式都要舒服。正如梭罗所说：“要做一个哲学家的话，不但要有精美的思想，不但要建立起一个学派来，而且要这样地爱智慧，从而按照智慧的指示，过着一种简单、独立、大度、信任的生活。”

未来是不可把握的，而真实的我们就在那里。当我们找到了自己，我们会知道路在何方，也会少了寻找中的焦虑，和对于迷路的惶恐。

二、慎独修身，礼仪自然

真实的自己需要寻找，找到之后应该保护。有两个非常好的武器，可以帮助我们保护自己：一是慎独，二是自尊。

1. 所谓慎独

《尔雅》云："慎，诚也。"而"独"即内在的意志、意念，故慎独即是诚其意。

慎独实际是指内心的专注、专一，具体来讲，是指仁义礼智信五种"德之行"专注、统一于内心的状态。

据《后汉书。杨震传》记载，一次，昌邑官员王密带十两黄金，深夜去拜访杨震，并说："暮夜无人知。"杨震严词拒绝了这份厚礼，并回答说："天知、地知、你知、我知，何谓无人知？"王密惭愧而归。

所以，所谓慎独，最根本的核心在于自律。你知道自己是什么样的人，知道自己想要成为什么样的人，所以必须时刻自律，控制自己的言行，让自己专注地成为自己。

也许，上完课后，大部分同学没有把垃圾带走的习惯，你可以做到带走你的垃圾。

也许，你周围的人都在追名逐利，耽于逸乐，你可以保持一份清醒，始终走自己的路。

也许，你不得不面对一些不喜欢的人和事，但你可以控制自己，不成为他们，不与他们为伍，最终远离他们。

今天的奋斗是为了明天的自由，我们慎独自律，则是为了当自由到来的那一天，我们仍然是我们自己。

2. 且谈自尊

自尊是慎独语境下开出的一朵礼仪之花，美丽且坚强。

自尊者，人恒尊之。自尊包含很多内容，尊重自己的选择、尊重自己的身体、尊重自己的职业……自尊是尊重自己所有的遇见！

中国的汉字极有意思，尊重的"尊"字加上一个走字底，变成另一字"遵"。汉字告诉我们，要想表达对别人的尊重，我们得做一些事情。还要遵守一些规则和规范。但这些遵守的规则和规范变成我们的习惯了，我们就会收获一个放大的尊重。

尊——遵——尊

看到由尊到遵再到尊的这个演变过程，我们明白了，其实我们的自尊只有在对自己的尊重和别人的尊重里才被放大。

我是独生女，成长环境让一个人的成长与孤独相伴，也因为孤独，我有更多的时间发呆，更多的时间思考每天看到的、听到的、做到的，感谢这种状态让我养成了文化包容的习惯。最终让我形成专属于我的个人文化与生活习惯。

成家后，我希望我的家是温馨的、带着现代文明气息，可是生活的烟火注定了理想必须服从与现实。

婆婆加入了我们的小家庭，自此，理想与现实便开始纠结。突然有一天我发现，要尊重别人，我就不能改变他们固有的生活习惯和文化；而要尊重自己，我必须诚实地面对我的渴望。

我租来一套近90平方米的房子，按照我的意愿装修成一间工作室。于是我对存在空间的要求便在这里一一体现：简单、整洁、宽敞，这里便成了我备课、写日记、读书、思考时的去处。

渐渐的，我先生也开始常常出现在这里，也许是希望我多回家，也许是了解了我的习惯之后，也生出一种对干净整洁的向往，他也开始关注家庭环境的布局和整理，于是，两种不同的文化开始融合。

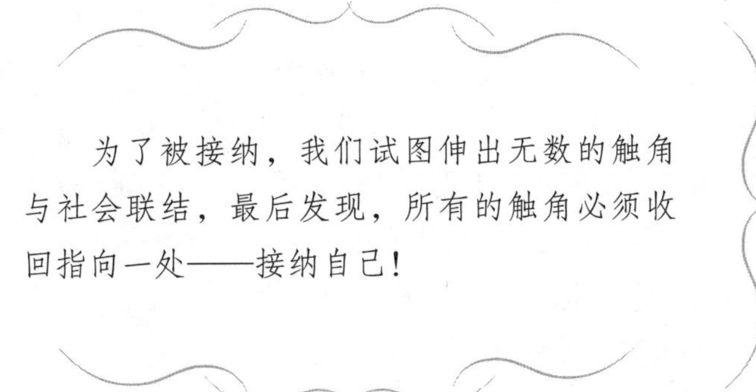

后记 与自然的第二次对话

如果东湖的磨山是我第一次正式地与自然对话，那么，我与自然的第二次对话是在一片紫藤园。紫藤告诉我，放空心灵才能感受自然赐给你的美。

紫藤园在我工作的大学的老校区，从我20世纪90年代分配到这所大学，她便一直在那里。在我刚开始工作的时候，记忆里她只是我每天上下班的时候必须经过的地方；等到有了小孩，记忆里她是我在夏天经常带着孩子去纳凉的地方；直到有一天，课间休息时到校园散步，我才突然发现，在我的生命里存在了多年的紫藤园居然那么美，那么静——我竟然到了这个时候才学会停下脚步，欣赏一份自然之美。感谢这片紫藤园见证我的成长。让我领悟：心灵放空，美丽才会自然绽放。

眼里的风景是心灵主动接纳的结果。如果心里装的都是人间烟火，那关注的自然也是浮躁的人事。如果能将心中的尘埃扫去，自然就会向你走来，给你美，给你快乐。

感谢紫藤园，让我学会停下来，看一看这个世界。在无数个堵车的时段里，我开始放下焦虑，捕捉身边的美丽；在每一个清晨走出家门的那一刻，我开始放慢脚步，看一看自然的风景……在课堂、在闹市区、在超市、在所有以前不经意的空间里，我都能找到让自己欣喜的美丽。当这些美丽开始愉悦自己时，人的容貌和表情都会发生变化，这种光彩便是来自心灵的滋养吧！

感谢自然的智慧，也感谢多年的礼仪教学和实践——当自然与礼仪走到一起，我感觉我如此地有力量，我终于找到了一种可以在自己与社会之间自由游走的智慧——自然礼仪。

在自然里遇见真实的自己，用礼仪塑造优雅地自己。当这两个自己终于相遇，你会发现：原来你可以这么丰富，这么和谐，这么美丽！终于，你找到了能够让自己平衡的方式，你对自己满意了，再没有外界可以干扰你对自己的评价，你的内心逐渐强大，终于可以把握美丽、把握心情、把握人事……终于，你拥有了一双把握自己人生的手。